无处不在的科学丛书

可不知的科普名著

Wuchubuzai de Kexue Congshu

BUKEBUZHI DE KEPU MINGZHU

（最新版）

本丛书编委会◎编
吕宁　王玮◎编著

科学早已渗入我们的日常生活，并无时无刻不在影响和改变着我们的生活。无论是仰望星空、俯视大地，还是近观我们周遭咫尺器物，处处都可以发现科学原理蕴于其中。

WPC
世界图书出版公司
广州·北京·上海·西安

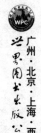

图书在版编目（CIP）数据

不可不知的科普名著/《无处不在的科学丛书》编委会编．—广州：广东世界图书出版公司，2009.11（2024.2 重印）
（无处不在的科学丛书）
ISBN 978-7-5100-1274-7

Ⅰ．不…　Ⅱ．无…　Ⅲ．科学普及－著作－简介－世界　Ⅳ．Z835

中国版本图书馆 CIP 数据核字（2009）第 191248 号

书　　名	不可不知的科普名著 BUKE BUZHI DE KEPU MINGZHU
编　　者	《无处不在的科学丛书》编委会
责任编辑	康琬娟
装帧设计	三棵树设计工作组
出版发行	世界图书出版有限公司　世界图书出版广东有限公司
地　　址	广州市海珠区新港西路大江冲 25 号
邮　　编	510300
电　　话	020-84452179
网　　址	http://www.gdst.com.cn
邮　　箱	wpc_gdst@163.com
经　　销	新华书店
印　　刷	唐山富达印务有限公司
开　　本	787mm×1092mm　1/16
印　　张	13
字　　数	160 千字
版　　次	2009 年 11 月第 1 版　2024 年 2 月第 7 次印刷
国际书号	ISBN　978-7-5100-1274-7
定　　价	49.80 元

光辉书房新知文库

“无处不在的科学”丛书编委会

“光辉书房新知文库”

总策划/总主编:石 恢

副总主编:王利群 方 圆

本书作者

栾 鸥 和 蓓 王 玮

序：生活处处有科学

提起“科学”，不少人可能会认为它是科学家的专利，普通人只能“可望而不可及”。其实。科学并不高深莫测，科学早已渗入到我们的日常生活，并无时无刻不在影响和改变着我们的生活。无论是仰望星空、俯视脚下的大地，还是近观我们周遭咫尺器物，都处处可以发现有科学之原理蕴于其中。即使是一些司空见惯的现象，其中也往往蕴含深奥的科学知识。

科学史上的许多大发明大发现，也都是从微不足道的小现象中深发而来：牛顿从苹果落地撩起万有引力的神秘面纱；魏格纳从墙上地图揭示海陆分布的形成；阿基米德从洗澡时溢水现象中获得了研究浮力与密度问题的启发；瓦特从烧开水的水壶冒出的白雾中获得了改进蒸汽机性能的想象；而大名鼎鼎的科学家伽利略从观察吊灯的晃动，从而发现了钟摆的等时性……

所以说，科学就在你我身边。一位哲人曾说：“我们身边并不是缺少创新的事物，而是缺少发现可创新的眼睛”。只要我们具备了一双“慧眼”，就会发现在我们的生活中科学真是无处不在。

然而，在课堂上，在书本上，科学不时被一大堆公式和符号所掩盖，难免让人觉得枯燥和乏味，科学的光芒被掩盖，有趣的科学失去了它应有的魅力。

常言道，兴趣是最好的老师，只有培养起同学们从小的科学兴趣，才能激发他们探索未知科学世界的热忱和勇气。拨开科学光芒下的迷雾，让同学们了解身边的科学，爱上科学，我们特为此精心编写了这套“无处不在的科学”丛书。

该丛书共包括11个分册，它们分别是：《生活中的科学》《游戏中的科学》《成语中的科学》《故事中的科学》《魔术中的原理》《无处不在的数学》《无处不在的物理》《无处不在的化学》《不可不知的科学名著》《不可不知的科普名著》《不可不知的科幻名著》等。

在编写时，我们尽量从生活中的现象出发，通过科学的阐述，又回归于日常生活。从白炽灯、自行车、电话这些平常的事情写起，从身边非常熟悉的东西展开视角，让同学们充分认识：生活处处皆学问，现代生活处处有科技。

今天，人类已经进入了新的知识经济时代，青少年朋友是21世纪的栋梁，是国家的未来，民族的希望，学好科学是时代赋予他们的神圣使命。我们希望这套丛书能够激发同学们学习科学的兴趣，打消他们对科学隔阂疏离的态度，树立起正确的科学观，为学好科学，用好科学打下坚实的基础！

本丛书编委会

目录

目 录

引 言

懂与不懂都是享受

在人类历史发展的长河里，科学界的泰山北斗们以一本本科学巨著的形式留给人类的智慧，以及在追求真理的过程中所表现出的不畏艰险、勇于献身的崇高精神是他们为人类所创造的最大精神财富。然而随着科学技术的迅猛发展，各个科学领域的分工越来越细，专业化程度越来越高，普通人在享用科学技术所带来的物质文明和精神文明的成果时，往往是吃了好吃的鸡蛋，不再去过问下蛋的母鸡。然而科学的力量不仅在于对社会文明发展的无与伦比的推动，还在于科学创造本身对自然规律探索追求过程中的神奇的魅力。人们基于自己已有的知识背景，又总是千方百计地通过各种途径，渴望接近科学。

科普著作无疑就是我们接近科学的最简捷便当的途径。事实上，通过一代又一代的科普作家的努力，我们正一步一步地走近科学。

科普之所以有生命力，是因为人们对科学知识的理解有一种内在的要求。这个要求植根于人类的存在方式。这个世界从前是我们的生活世界，是每个人都熟悉的了解的，但今天，这个世界由科学家来建造来经营，于是，我们有一种盲目的感觉，我们对我们的世界有一种疏离感，我们本能地要求对世界有一种切实的把握，于是我们渴望了解科学，并通过科学了解世界。

优秀的科普著作是科学精神与人文精神的完美结合体，正如一句广告语所说："懂与不懂，都是一种享受。"那些具有极高的科学性、思想性和艺术性的科普经典，不同于普通人只能高山仰止的科学名著，它们浓缩了几个世纪以来科学发展的历程，涉及了当今科学的基本问题和最新进展，凝聚了人类文明进步的智力成果，回答了我们普遍关注的科学命题，让我们更深刻地了解自己，了解我们生活的世界。

这本汇集了三十九部科普佳作的书正是我们走近科学的向导。在选编时我们秉承一定的原则：

1. 推荐的差不多全是科学家的科普著作。

2. 尽量选取经过时间筛选的经典著作，新近问世的作品较少列入。

3. 只选已有中译本的著作，尽管有些译本质量不能完全令人满意。我们没有考虑读者是否容易找到这些书，因为有些译本的出版时间较早。

4. 尽量兼顾学科和历史时期的均衡性，尽量展现科学的丰富性。几乎包括了当代科学的各个知识领域，从宇宙论、粒子物理学到进化论、考古学、分子生物学，从数学、计算机科学到脑科学、认知科学，既有古典的学科，也有新兴的学科。

我们希望读者朋友可以跟着爱因斯坦、伽莫夫、温伯格、霍金、竺可桢等科学大师的生花妙笔去领略科学创造的艰辛历程。今天这些科学大师和思想大师大部分都已离开了我们，但这些优秀的科普作品是他们留给后代的不朽的精神财富。

20 世纪已经过去，21 世纪是一个全球化、知识化的世纪，也是科技国际化、网络化的一个时代。希望这些科普经典著作能开拓读者的科学视野，给他们以启发，引领他们迈入神秘而又辉煌的科学殿堂。

《圣诞科学讲座》

中文版封面

☞ 作者：［英］麦·法拉第
(Michael Faraday)，
［英］查·波易斯
(C. V. Boys)

☞ 译者：黎金，谈镐生

☞ 推荐版本：湖南教育出版社1999版

作者简介

麦·法拉第，19 世纪英国著名的化学家和物理学家。1791 年生于伦敦的一个铁匠家庭。从小家境贫寒，但自学好强。后在著名化学家戴维的帮助下，进入皇家学院实验室进行工作。由于他在化学方面的杰出成就，1824 年被评为皇家学院院士。

法拉第

法拉第主要在电学、磁学、磁光学、电化学等领域从事研究。1825 年，他发现了苯，1831 年发现电磁感应现象，1833 年发现电解定律，1833 年发明伏特计，1843 年证明了电荷守恒定律，1845 年引入电场线和磁感线概念。

查·波易斯，英国物理学家和灵敏仪表的发明者，以研究石英纤维著称。1888 年，他改进了辐射微计。1895 年，用石英纤维精心设计的扭摆测定微量的力，并由此计算出地球的密度是水的 5.5270 倍。此外，他还设计了拍摄高速运动物体的高速摄影机。

成书背景

1860 年圣诞节快到的日子，皇家学院在报纸上刊登了一则消息：在圣诞节这一天，院士们包括大名鼎鼎的化学家法拉第将为小朋友们做圣诞演讲。这个公告一公布，引起了很多人的关注，同时也引起了不少好奇。很多人认为，这样富有学术性的化学专题，小孩子们听得懂吗？法拉第给予的回应是“科学应该为大家所了解，至少我们应该努力使它为大家所了解，而且要从孩子开始。我认为我的讲课，或者正确一点说我的谈话，无论就我讲的事物本身，或者就我试图指出的实验，将使年幼的听众感兴趣。”

法拉第在做试验

演讲的效果如法拉第所承诺的一样。当时的阶梯会堂满满当当坐满了少年儿童，但是秩序井然、鸦雀无声，小朋友们听得聚精会神、津津有味。法拉第以《蜡烛的故事》为题，共做了连续六场的专题报告。他从蜡烛的制造讲起，整条线索围绕蜡烛燃烧的整个过程中的化学过程，详细生动地讲述了氢、氧、氮、水、碳、二氧化碳等日常生活中存在的物质和元素。

波易斯则以“肥皂泡”为题，讲述了日常生活中的常见现象和物理原理。他在演讲的过程中，为小听众们做了很多有趣的肥皂泡实验，阐述液体表面张力的科学道理，也受到青年儿童的欢迎。

《圣诞科学讲座》这本书就是法拉第和波易斯两位学者当时演讲稿的合集。分上、下两部分，第一部分是法拉第的讲座，第二部分是波易斯的讲座。

内容精要

蜡烛和油灯点燃有很大的不同。油灯里装上油，插上灯芯，点燃灯芯就可以了。当火焰沿着灯芯往下烧，到灯油的地方就熄灭了，但是灯芯头还在继续燃烧，那这是为什么呢？蜡烛也是同样的现象，只是供燃烧的物质不是液体，是固体。固体物质怎么就跑到火焰那儿去了呢？

法拉第在演讲开始的时候，引入了很多有趣的问题，很快引起了听众们的好奇。他解释说，蜡烛顶部，在火焰和诸神杰出的地方，被烧成了一个杯子的形状。当空气靠近蜡烛，由于受到热冲力的影响，空气改变方向开始向上流动，这样火焰四周的蜡油就冷却下来，蜡烛中间的温度高于周围的温度。灯芯向下燃烧，蜡烛中心部分开始融化燃烧，而外围依然保持固体状态。因此，凡是燃烧时可以形成杯状的物体，都可以作为蜡烛来使用。

在蜡烛燃烧的同时，还有一股气流往上蹿。这一部分气流中，存在着水。为了证明水的存在，法拉第做了一个实验。当钾碰到水时会剧烈燃烧。当法拉第把气流凝结在容器中的液体中放入钾，

蜡烛的燃烧

钾很快燃烧起来，这个现象就说明蜡烛燃烧时产生了水。除了水之外，蜡烛燃烧还产生二氧化碳。我们知道，二氧化碳是由碳和氧的化合物，具有灭火的作用。如果将燃烧着的磷放入二氧化碳里，很快就熄灭了，但是一旦把磷拿出来，一碰到空气又死灰复燃了。或者我们可以用另外一种化学现象来证明二氧化碳的存在。二氧化碳碰到石灰水，会生成碳酸钙。我们把燃烧的木片放入装有石灰水的瓶子里，石灰水立刻变浑浊了，这就说明物质燃烧时产生了二氧化碳。

一只干的毛笔头是散的，要想让它聚在一起，只要蘸上水就可以了。很多人都认为，是因为水，所以毛笔头粘在一起。但是我们把毛笔浸入水里，发现毛笔头依然是散的，只有拿出来后才聚在一起。那么到底有什么我们不知的原因作用在了毛笔头上？

水的表面有曾类似表皮的东西，当水处在表面位置时，形状和它处在内部时有所不同。水面上的水好像一层类似于很薄的弹性表皮似的，可以把内部的液体塑造成一种形状。那么水的表皮为什么具有弹性？最容易的证明方法是，将一根线松松地绑在一个圆环上，然后将这个圆环浸泡在肥皂水里。当我们把圆环从水中拿出来时，环上就形成了一片薄膜，而这条线能在膜内自由运动。当我们把一边的薄膜捅破，发现线立刻会被另一边的膜拉到尽可能远的地方……在几场演讲中，波易斯还讲解了曲率问题、悬链曲面和节面问题、肥皂泡的导电问题等等。

影响和评价

在《圣诞科学讲座》这本书中，法拉第运用淳朴的语言，像和小朋友们谈心的方式，通过丰富、趣味盎然的化学实验，来揭示很多自然现象的基本原理。波易斯的《肥皂泡和它们的力》也受到极高的好评和欢迎。在这本书中，法拉第从蜡烛的制造谈起，围绕蜡烛燃烧经历的化学过程，详细地阐释了氢、氧、二氧化碳等的化学性质。这本书仅在英国就于 1902 年和 1916 年两次出版，并于 1959 年在美国重新出版。

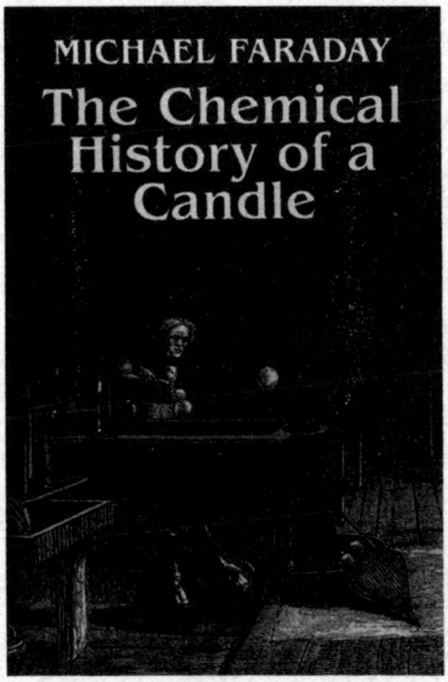

《圣诞科学讲座》英文版封面

“科学家在这里没有把自己的脸孔藏在假面具后面，在字里行间你可以感到作者的个性。法拉第跟孩子们在一起时，善于变为小孩，善于跟自己的小读者一起惊异、欢笑、讨论、提问和共同作出结论。”

——前苏联科学文艺作家　伊林

《昆虫学忆札》

☞ 作者：[法] J·法布尔
(Jean Henri Casimir Fabre)

☞ 译者：王光译

☞ 推荐版本：湖南教育出版社 1999 年版

中文版封面

作者简介

让·亨利·卡西米尔·法布尔，法国昆虫学家，动物行为学家，作家，被世人称为“昆虫界的荷马，科学界的诗人”。1823 年，法布尔出生在法国南部普罗旺斯的一户农家。从小就对昆虫世界非常感兴趣。他一生坚持自学，先后取得了数学学士学位、自然科学学士学位和自然科学博士学位。

法布尔

法布尔的最大兴趣，在于探索生命

世界的真面目，发现自然界蕴含着的科学真理。他是第一位在自然环境中研究昆虫的科学家，将毕生之力深入昆虫世界。通过对昆虫世界的长期观察与实验，真实地记录下昆虫的本能与习性，著成了《昆虫学忆札》这部昆虫学巨著。书中揭示了昆虫生命与生活习惯的许多秘密，被达尔文称为“无法效仿的观察家”。法布尔作品繁多，留下了许多动植物学术论著，其中包括《茜草：专利与论文》、《阿维尼翁的动物》、《块菰》、《橄榄树上的伞菌》、《葡萄根瘤蚜》等。

成书背景

法布尔的原著，是有独立篇章或各个专题散文组成的。目前我国还没有一部法布尔著作的全译本。本书是法布尔巨著的选译本。译者从 10 卷本原著 220 余篇文章中精选精译者 9 篇，按人生、学理、昆虫 3 辑编排，以飨读者。书名命为“昆虫学忆札”。

对于译本的命名，我们可知的有多种译法，如《昆虫记》、《昆虫故事》、《昆虫的生活》、《昆虫物语》。我们常见的版本为《昆虫记》。早年，鲁迅在日本生活期间，发现法布尔的作品非常有价值，便像国人推荐阅读，选用了“昆虫记” 3 个字作为书名。但根据法布尔原著确定的法文书名：Souvenirs Entomologiques（意为昆虫学方面的许多往事）以及副标题：Etudes sur I’ instinctet les moeurs des insectes（意为有关昆虫本能及各种习俗的研究），正文为全书内容和体例的高度概括，而副标题则强调了作者要解决的昆虫学的主题。本书的译者王光先生经过五六年的反复思考和世纪考证，认为《昆虫学忆札》更符合法布尔写作的本意。

从法布尔 200 多篇的经典文章中，选取更为经典更有意义的文章并将之科学编排，也不是一件易事。译者在考虑新版本问题时，主要确定了以下原则作为翻译的标准：1. 原著基本内容按照类别进行编排；2. 保证原文的完整性，不进行缩减或摘减；3. 译本标题定为“昆虫学忆札”。

内容精要

本书为法布尔巨著《昆虫学忆札》选译本。译本反映了原著内容的整体风貌，展示出作者朴实亲切、精致细腻的风格。既透着科学题材的文学性，又见出文学精品的科普性。译本忠实记录着作者自身的独特经历，凝结着伟大科学家的哲思，诉说着昆虫世界惊人的生命史。

适应各种各样食物的能力，是保证动物们繁殖生息的重要素质，这样，才可以有效避免在残酷的生存斗争中被淘汰下来。如果单单靠一种食物生存，那么活下来的机会就岌岌可危了。假如燕子只吃一种特定的小飞虫，如果有一天小飞虫消失了，那燕子的命运会怎么样？对于人类而言，有一副好肠胃，是我们成为高级动物的特长之一。我们不挑食，不受气候、季节和地理环境的限制。作为杂食类动物，更容易在恶劣的环境中生存。

法国美食家波利亚·萨瓦兰说：“对人类而言，发现一盘新做法的菜肴，比发现一个新的星球还重要”。这是真话。当初第一个想到碾碎麦粒磨成粉，糅合成团，用两块烧烫的石头烤熟的人一定比发现第200颗小行星的人更有功劳。进一步而言，由人类获得的真谛，在动物那里也不会被证明是假的。世界是属于那副不受专门食物限制的肠胃的。

埋粪虫总是在黄昏时候抛弃辛苦挖埋一天建好的食品库，然后接着余晖嬉戏，继续寻找新的开发地。据观察，这粪生昆虫，一夜之间根本消灭不了这么多的食物，但是他们还是孜孜不倦的收集，仓库里积压了超量的食品，他们以及“富得流油”，却并不因为仓库饱满而心满意足。每天晚上还是不停地挖。

埋粪虫的食品库遍布各个地方，埋粪虫偶尔碰到一处，都可以当做自己白天的便饭，其他的就不再食用了。而那些白白扔掉的食物，差不多相当于储藏食品的总量了。埋粪虫这些种种特征证明：他们是狂热的埋藏者，他们搬运的东西远远超过了消费需求量。埋粪虫相互协作、群体出动，产生大范围改良土壤的效果。这样未尝不是一件好事呢？植物因为这些掩埋工受益。昆虫掩埋了小粪块，一簇禾本植物生长出来，并因此变得郁郁葱葱，小绵羊过来，将这草叼过去。结果，羊腿长肥了，我们的餐桌上多了一盘鲜美的肉。

蝎类是最先将近乎人类的母爱传授给生命物的。远在石炭纪植物区系年代，当第一只蝎子出现，生儿育女的种种抚爱之心，就已经在酝酿之中了。至此，生命胚胎的孵化，不是在体外各种事物的凶险冲突环境完成的，而是在母体的腰间完成的。

蝎子

生命进化并不是循序渐进的过程，不是一定从低劣进入良好，从良好进入最佳，而是以跳跃的形式完成的。如果母羊不吞食掉胎膜，羊羔永远也不能从襁褓里脱出身来。同样道理，如果仔蝎也指望母亲提供这样的帮助。绝不可以认为，幼虫自身会在挣扎束缚时起到什么作用。其脆弱对付不了另一种脆弱，即出生在囊袋的那种脆弱，尽管它薄得就像葱头片内壁的皮膜。

影响和评价

法布尔终生对植物、生物，特别是昆虫的生活，进行了探入细致的考察和研究，并将大量亲身观察所得写成著名的10卷本的“观察手记”。这部“昆虫学忆札”不仅体现了作者严谨的科学态度——法布尔把毕生从事昆虫研究的成果和经历，用散文的形式记录下来，详细观察了昆虫的生活和为生活以及繁衍种族所进行的斗争，使昆虫世界成为人类获得知识、趣味、美感和思想的文学形态。而且还倾注了他的感情和思想，因而既是一部具有独到见解的科学论著，也是一部优秀的文学散文。

雨果

《昆虫记》自问世以来，就以其丰富的内涵、优美的笔触影响了无数的科学家、文学家以及普通的读者。大文豪雨果曾盛赞法布尔为“昆虫世界的荷马”，而进化论之父达尔文则称他为“无与伦比的观察家”。鉴于法布尔的研究成果，晚年斯德哥尔摩科学院授予他最高的奖励：林奈奖章。人们称他“解放了科学”，“是学识渊博的博物学家，是在现代含义上最出色的当之无愧的诗人。”时至今日，《昆虫记》早已被公认为跨越领域、超越年龄的不朽经典！

《大众天文学》

中文版封面

☞ 作者：[法] C·弗拉马里翁
(Camille Flammarion)

☞ 译者：李珩

☞ 推荐版本：广西师范大学出版社
2003 年版

作者简介

弗拉马里翁，法国天文学家和科普作家。他出生于农民家庭，11 岁时迁居巴黎，当雕塑工人的学徒，夜晚进免费学校学习数学和图画，自修英文。1858 年考进巴黎天文台当实习员。三年后通过国家考试，得文理两科学士学位。1862 年，弗拉马里翁出版了自己的第一本书《可居世界的众多》，声名鹊起。从那以后，法国各大城市，乃至布鲁塞尔、日内瓦、罗马都争相聘请他去讲演，他使听众入迷的魔力可与英国小说家狄更斯相比。

弗拉马里翁

1880 年，弗拉马里翁出版《大众天文

学》。这是他最成功的作品。弗拉马里翁的主要研究工作是有关双星和聚星、恒星的颜色和运动、火星和月球的地形等方面。1882 年，他在巴黎附近的瑞维西镇上建立了一座私人天文台，并创办《天文学》杂志，又于 1887 年组织法国天文学会，任第一任会长。他在这里从事天文学研究四十多年，直至逝世。

成书背景

《大众天文学》1879 年出版，1955 年重新改写，是巴黎天文台、默东天文台、马赛天文台及法国国立中央研究院的科学家应弗拉马里翁夫人的要求，根据原书的结构改编问世的。英文版名为《弗拉马里翁的天文学书》(The Book of Flammarion)。迄至 1962 年，新版本已发行了 165 万册，成为一本畅销书。这本书补充介绍了近 20 年来科学的惊人发展和宇宙伟大奇妙的地方，使改写本成为既新颖而又完善的天文学典籍。

1965～1966 年科学出版社出版了由中国天文学家、上海天文台台长李珩翻译，中国天文科普作家李元校译的 1955 年新版《大众天文学》。但其在不久后的文化大革命遭到封杀，故几乎绝迹。“文革”后，许多读者要求该书重印。（由于此时距 1955 年新版时隔近 30 年）于是 20 世纪 70 年代末李珩补充修订约 10 万字，因种种原因直到 2003 年初才得以出版新的中文版《大众天文学》。中文版字数共计 90 余万。

内容精要

弗拉马里翁以文学的笔墨、生动的语言，对奇妙的宇宙进行了描绘。他为本书订下的座右铭是“科学知识应该大众化，而不应该庸俗化”。作者以文学的笔墨、精美的图片，将奇妙的宇宙世界揭示在渴求新知的读者面前。全书共分 7 篇，分别介绍了地球、月亮、太阳、行星世界，彗星、流星及陨星，恒星宇宙以及天文仪器等。

原著中的插图

一、地球和月亮

几千年来，人类对于地球的性质和它在宇宙中的位置以及宇宙的一般构造的认识是错误的。地球绕着自己的轴转动，同时又被太阳的引力羁绊在一个轨道上绕着太阳运行。说来奇怪，地球的运动不仅影响了我们的物质生活，而且也影响了我们的精神生活。比如，我们生存的时间、岁月的划分、工作的变换以及历法的制定，都和地球的运动发生了密切的关系。地球是一个略为扁平的椭圆，-被大气所包围着，植被装饰着地面，动物繁殖于期间，人类居住生息。自地球有人类出现以来，已经生存过几十万亿人了，但是他们都相继死去，生命是不断新陈代谢的。

月亮是和地球最靠近的天体，它和我们的距离不过是地球直径的 30 倍。月相和月亮的面貌的循环变化，使人有月和星期计时

弗拉马里翁的画作

方法。月球表面的重力只相当于地球的1/6。月亮在望远镜里像是一座冰冻了的世界。

二、太阳和行星

原著中的插图

太阳是光明、热力、运动、生命的来源，给人以庄严美丽的印象。太阳每秒发出的能量达到3800亿兆瓦特。光球上最显著的现象是黑子，有时用肉眼便可以看见，其范围之大可以超过10万千米。色球是太阳大气里紧接着炫目的光球的那一部分。太阳摄谱仪能观测到的一种雄伟现象是色球爆发：一个亮点首先出现在围绕具有活动中心的黑子的光斑区里。这一点扩大，别的点出现，混合成为一团炫目的纤维状的结构。

我们已经欣赏过中央太阳的伟大，现在让我们从和太阳最接近的一个行星开始，来描写另外几个天上的地球吧。水星是大行星中最密的一个；金星是最先被古人注意到的；火星是小型的地球，和地球的相似之点很多；在太阳系的全部行星中，最占优势的成员便是木星。在火星和木星两行星之间的缺空中，则是被一群小行星所占有。

三、宇宙中的其他星体

在一切天象当中，彗星的出现无疑是最引人注目的。历史上最著名的一颗周期彗星，名叫哈雷彗星，是为了纪念首先预言它回来的一位天文学家。彗星的总质量，包括由固体组成的核在内，实在很小。

流星的出现是很寻常的事，不少人不止一次地看到过。一般在敞朗的地方，一个人凭肉眼一小时内平均可以看见 4 至 6 颗偶发流星。流星要想成为落地的陨星，他的重量在进入大气的时候，至少是 5 千克。现今地面上已经发现直径超过 30 米的陨星坑 10 余处。

影响和评价

《大众天文学》这本书内容丰富多彩，文笔明快隽永，不失为一部世界名著。许多人就是因为读了这本书而热爱天文学，有的还成为天文学家，如已故的法国著名太阳和行星物理学家里约。

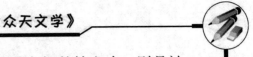

工作中的弗拉马里翁

《大众天文学》自 1880 年出版以来，至 1925 年作者逝世时为止，仅在法国就已印了 13 万册之多，并被翻译成了十几种文字，对各国天文事业的发展影响很大。被誉为“法国图书馆镇馆之宝”。该书一再重印、修订再版，传颂全球。法国科学院为此给他颁发奖金。法国还专为此书发行了一枚特种邮票。月球上的一座环形山被命名为弗拉马里翁以作永久纪念。

《人类的故事》

☞ 作者：[美] 房龙

☞ 译者：沈性仁

☞ 推荐版本：江苏文艺出版社 2008 年版

中文版封面

作者简介

房龙，全名亨德里克·威廉·房龙，荷兰裔的美国作家和历史学家。1882 年生于荷兰鹿特丹，1903 年在康奈尔大学完成本科课程，1911 年获得德国慕尼黑大学博士学位。

房龙

房龙多才多艺，但被世人所知，多因他的通俗作品。房龙一生中共写了 20 多部作品，包括《人类的故事》、《发明的故事》、《房龙地理》、《人类的艺术》、《人类的解放》、《与世界伟人谈心》、《上古人》、《巴赫传》、《伦勃朗传》和《荷兰共和国兴衰史》等。1921 年他以《人类的故事》一举成名。

成书背景

房龙多数作品的问世，与一位出版商有很大的关系。他就是霍雷斯·利弗奈特。利弗奈特成功将房龙早期的一些作品推向读者，如《文明的开端》、《圣经的故事》、《宽容》等。他们合作长达 10 年之久。当时《文明的开端》已经为房龙赢来了众多声誉，但《人类的故事》则成为奠定房龙文学地位的重要作品。《人类的故事》获得了当年的最佳少儿读物。

在出版后的 5 年里，《人类的故事》印行了 30 余版，达 1000 万册，成为名副其实的畅销读物。这本书被翻译成 20 多种文字，被世界各地的读者认可。房龙在《人类的故事》中宣扬进化论，使得这本书被美国 24 个州的公共图书馆收藏。世界上很多人把这本书当成那个时代最优秀的历史通史入门书。

中国出版界对房龙作品的翻译始于 20 世纪 20 年代。当时房龙的书已经风靡全球。《人类的故事》一书已经出现了很多译本。比如林徽因 1927 年的中译本、1928 年的亚东图书馆出版的任东的译本等等。《人类的故事》最早的版本为 1925 年商务印书馆出版的沈性任女士的译本。至今，房龙的作品仍被很多学者及读者推崇。

内容精要

人类的祖先，是一种非常丑陋的哺乳动物，他们身材矮小、全身长着浓厚的毛发、前额很低、颚骨突出，并且一无所能，不会制造工具，也不会建造房屋。后来随着时间的演进，史前人出现了，他们变得更“聪明”一些。当我们的祖先游走于五大洲的原始荒野上时，尼罗河畔的人类突然突飞猛进的发展，他们建立了人类历史上第一个文明中心。闪米亚人逐渐统治了地中海地区，与东半部的罗马人相互抗衡。罗马人最终取得胜利，成立了罗马帝国。

原著中的插图　中世纪的火刑柱

公元4世纪，日耳曼民族强行闯入罗马帝国，瓦解了罗马帝国奴隶制度，在日耳曼人原始公有制的解体的基础上，建立了西欧的封建社会。在这个时代中，经济比较落后，封建等级制度森严，国王统治着农奴和骑士，社会气氛异常的压抑，没有人起身反抗，曾经照亮埃及人、希腊人和罗马人的学术和文艺火炬，日渐微弱。

原著中的插图　罗马耶稣会教堂

在大约13世纪，出现了历史上有名的十字军，粗野地侵占了拥有先进文明的东方大地。十字军的到来，无疑是一场浩劫，他们破坏生产、摧残文化，无恶不作。但从历史的今天来看，他们多少也推动了东西方贸易的增加和城市的发展。东方先进的技术和丰富的物资，不断流入西方，改善了西方物质生活和精神世界。城市的繁荣也预示着中世纪的结束。

在14～15世纪，新兴资产阶级向封建的教会和禁欲主义世界发起挑战，他们引发了文艺复兴浪潮。人们开始发掘罗马文化遗产、开始寻找诗歌、雕刻、绘画、建筑等艺术享受。这一时期，在艺术、政治思想、自然科学以及哲学领域也涌现出了很多著名的巨人。

原著中的插图 1576年德国的莱顿战争

资本主义取代封建主义的战斗，声势浩大。资本家们砍下了英国查理一世的头颅、攻占了巴士底狱，把法国国王路易十六送上了断头台，奥地利的资产阶级们，逼得神圣同盟头子梅特涅落荒而逃，一个个封建王朝被摧毁，资产阶级终于确立了自己的统治地位。从此西方进入资本主义世界。当欧洲资本主义萌芽时，资本主义思想迅速蔓延到世界各个角落。葡萄牙人引领了侵占殖民地的热潮，西班牙、荷兰、英国、法国等过的殖民者一拥而上，开始了积累的争夺霸权的斗争。于是1914~1918年，第一次世界大战爆发，带给人类空前的灾难。

影响和评价

《人类的故事》一书以西方文明的发展为主线。重点叙述了古老东方和近代欧洲的历史。书中文字亲切灵动，随着房龙的侃侃而谈，读者仿佛在历史穿梭的同时，看到了栩栩如生的历史人物。

房龙的笔，有种魔力，干燥无味的科学常识，经他那么的一写，无论大人小孩，读他的书的人，都觉得娓娓忘倦了。

——文学家　郁达夫

《人类的故事》的最大成就，便是把历史上的人物当做有血有肉的活人看待。

——著名学者　曹聚仁

《人类的故事》英文版封面

房龙始终站在全人类的高度在写作，他不是深奥的理论家，但却未必没有自己的体系和思想。他的目标是向人类的无知和偏执挑战。他采取的方式是普及知识和真理，使他们成为人所皆知的常识。

——著名学者　钱素满

《菌儿自传》

☞ 作者：高士其

☞ 推荐版本：河南教育出版社2003年版

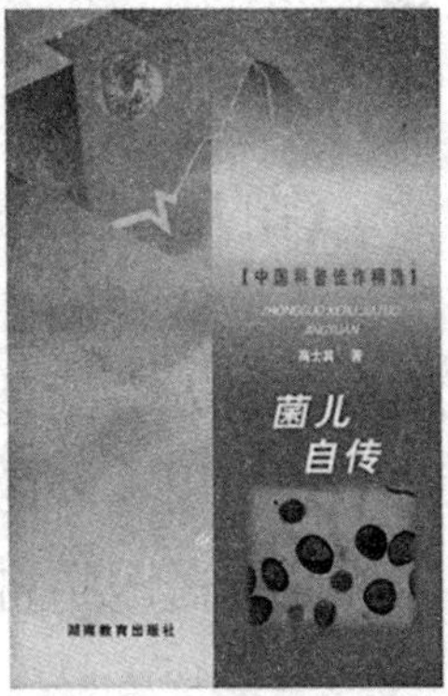

中文版封面

作者简介

高士其，我国著名科学家和科普作者。是中国科普事业的先驱者和奠基人。1925年毕业于清华留美预备学校（清华大学的前身），后被保送到美国留学，在威斯康辛大学就读化学系专业。1926年，抱着对祖国健康事业的一腔热情，他辗转回国，选择细菌学和公共卫生学为自己研究领域。

高士其

他是我国卓有建树的细菌学家之一，1931年应当时国民政府卫生署邀请，担任南京中央医院检验科主任，后因对政府官僚作风的不满辞职。1934年，高士其将他的主要精力投放在科学知识的传播上，撰写了大量有关细菌、病毒、流行性疾病和公共卫生学方面的作品。

高士其除了作为科学传播者，他坐在轮椅上坚持笔耕的形象也被很多青少年爱戴。他身残心不残的精神，鼓舞很多读者，被亿万青少年亲切得称为“高士其爷爷”。

成书背景

《菌儿自传》是高士其的代表作，在书中，作者将细菌化身为活泼、清新的想象，时而在呼吸道里游荡，时而在肠腔里探险，把细菌对人类的危害描绘得淋漓尽致。《菌儿自传》把深奥的细菌学知识用幽默的笔端，转化成一个个有趣的故事，妙趣横生地向人们传播医学科学和公共卫生知识。

高士其和杭州的小朋友在一起

《菌儿自传》是高士其的文章集。这些文章均来自1936年起他在《中小学》杂志上发表的科学短文，至1937年8月完成最后一章。后来这些文章被集成书，起名为《菌儿自传》，在1941年由开明书店出版。

内容精要

《菌儿自传》全书共收集了高士其的15篇科普短文，分别为《我的名称》、《我的籍贯》、《我的家庭生活》、《无情的火》、《水国游记》、《生计问题》、《呼吸道的探险》、《肺港之役》、《吃血的经验》、《乳峰的回顾》、《食道的占领》、《肠腔里的会议》、《清除腐物》、《土壤革命》、《经济关系》。书中以一个微小、平凡的细菌自述的形式，讲述了细菌的家庭生活、细菌的生活方式、细菌在人体各部位的历险：

我是菌族里最小、最小、最轻、最轻的一种。小得使你们的肉眼，看得见灰尘的纷飞，看不见我们也夹在里面漂游。轻得我们好几十万挂在苍蝇脚下，它也不觉得重。我比苍蝇的眼睛还小一千倍，比顶小的灰尘还轻一百倍。

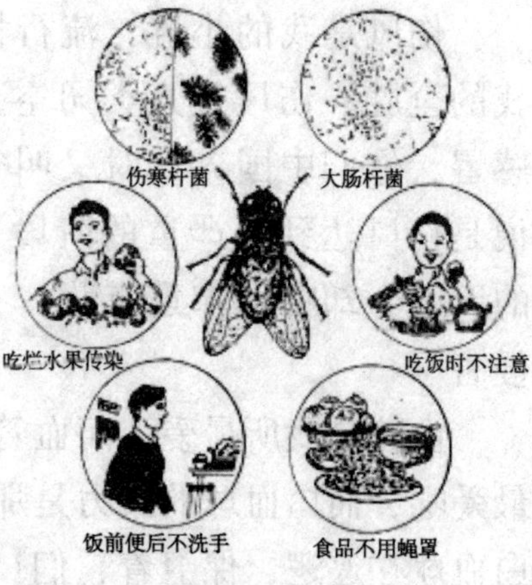

原著中的插图

我本是一个流浪者。

像西方的吉卜赛民族，流荡成性，到处为家。

像东方的游牧部落，逐着水草而搬移。

又像犹太人，没有了国家，散居异地谋生，都能各个繁荣以来，世界上大富之家，不多是他们的子孙吗？

不过我既是造物主的作品之一，生物中的小玲珑，自然也有个根源，不是无中生有，半空中跳出来的，那么，我的籍贯，也许可从生物的起源这问题上，寻出端绪来吧……

我是著名的吃血的小霸王，但我嫌那生血的气焰太旺，死血的质地太硬，我最爱那半生半熟的血。我的食量无限大，一见了可吃的东西，就吃个不停，吃完了才罢休。

我最得力的助手，是蝇大爷和蝇大娘。我从肚肠里出来，就遇到着蝇大爷。我紧紧地抱着它的腰，牢牢地握着他的脚。他嗡得一声飞到大菜里去了，把身子一摇，把我抛下去了。初到肉汤的第一刻，我还嫌太热，一会而就温和而凉爽了……

我在生物界中要算是最不安分的分子了。浮大海，吃不惯海水的咸味；居人肚，闷不过小肠的束缚；返土壤，受不住地方的限制；飘上天空，又嫌那天空太空虚了……

伤风是我的小胜，流行性感冒是我的大胜，支气管肺炎是我的全胜。伤风是人类司空见惯的病了，多不以为意。流行性感冒，你们中国人有时又叫它做重伤风。那支气管炎也就可以说是伤风达到最严重的阶段了。他们都只怪风爷的不好，空气的腐败，却哪里知道有我，有我这三个在肺港里称霸的孩子在侵害。

血液是我所最爱，而血管的防卫是那么周密，红血球是我所最爱吃，而白血球的武力是那么可怕，每六百粒红血球就有一粒白血球在巡逻，保卫着它们！但是身体虚弱的人，他们的抵抗力是很薄弱的，发炎的力量是不足以应付危机。于是我就迅速地在人身的组织里繁殖起来了，更利用了血管的交通，顺着血水的奔流，冲到人身别的部分里了。

我到处奔走寻食，我在食道上有深究的阅历，我以为环境最优良、最丰腴的食道，要推举人类的肚肠了。到了食道，顺着食管动荡的力量，长驱直入，我的先头部队，早已进抵胃的边岸了。一越过了有褶皱的胃的幽门，食道上的景色就要一变，变成了重重叠叠的、有“绒毛”的小肠的景色了。我辛辛苦苦地在小肠的道上，一段一段地推进，好吃的东西出乎不意，都被人体的细胞抢去吃了……

影响和评价

对高士其本人的评价如下：

高士其同志是一位优秀的作家。他以诗人的情怀和笔墨，为少年儿童写出了许多流畅动人的科学诗文，这在儿童文学作者中是难能可贵的。使我尤其敬佩的是他以伤残之身数十年如一日坚持不懈地为少年儿童写作，若不是有一颗热爱儿童的心和惊人的毅力，是办不到的。我希望亲爱的小读者们，在读到这本书时能体会并且记住这一点。

——谢冰心

高士其同志能把深奥的科学知识化成生动有趣的故事。在他的作品里，细菌跃然纸上，同人说长道短，说明着自身的利弊；白血球在他的笔尖上英勇杀敌；他把土壤亲切地比喻为妈妈，“我们的土壤妈妈是地球工厂的女工”；他把终日与我们相伴的时间称为“时间伯伯”，要我们“一寸光阴一寸金”地去珍稀它……

细菌、白血球、土壤、时间……在高士其同志的笔下，都变成了一个个有血有肉、栩栩如生的精灵，都变成了摸得着、看得见、听得到的“人物”，在与我们发生着联系。

——钱信忠

高士其对细菌的描写是那样的生动、形象，使得我和很多青少年在读了他的作品后，便对科学产生了浓厚的兴趣。我后来所从事生物学的研究，应该说是离不开高士其老先生的启蒙、引导。

——陈章良

《菌儿自传》可以说是一篇洋洋大观的奇文。通过这个小小的生物，画出了一幅上通云霄、下连江海的宏伟图景。五六万字的文章，势如破竹，一气呵成，使人读了确实有“飞流直下三千尺，疑是银河落九天”的感觉。

——黄树则

1982 年，为表彰高士其对科学与人类进步作出的贡献，
美国大使馆为高士其举行特别招待酒会

对《菌儿自传》一书的评价如下：

他的著作闪烁着自强不息的光辉，是对青少年进行科学思想教育的好教材

——全国人大常委会副委员长　傅铁山

高士其从 23 岁开始到 83 岁离开人间，一直瘫痪在轮椅上为人类的和平幸福与科学传播孜孜不倦地奋斗了 60 年，创造了难以

置信的生命奇迹。

——第九届全国政协副主席　王文元

他的一篇科学小品只千把字，读者花片刻时间便可读完，然而在这片刻之间，却领略了科学世界的绮丽风光。

—— 著名作家　叶永烈

《物理学的进化》

☞ 作者：［德］阿尔伯特·爱因斯坦
(Einstein, Albert),
［波］利·英费尔德

☞ 译者：周肇威

☞ 推荐版本：湖南教育出版社 1999 年版

中文版封面

作者简介

阿尔伯特·爱因斯坦，相对论的创立者、现代物理学的创始人。人们称他为 20 世纪的哥白尼、20 世纪的牛顿。爱因斯坦 1879 年 3 月 14 日出生在德国乌尔姆市，1900 年 8 月毕业于苏黎世联邦工业大学。当年完成论文《由毛细管现象得到的推论》并发表在莱比锡《物理学杂志》上。那时的爱因斯坦已经对物理学产生了浓厚的兴趣。1914 年任柏林大学教授和威廉皇帝物理所所长。1933 年移居美国，在普林斯顿高级研究院工作，直到 1955 年去世。

爱因斯坦

爱因斯坦一生所作的科学贡献，对物理学发展具有里程碑的意义。1905 年他发表了题为《论动体的电动力学》的论文，提出了狭义相对性原理和光速不变原理，建立了狭义相对论。1915 年他又建立了广义相对论，进一步揭示了四维空间与物质的统一关系，指出空时不可能离开物质而独立存在，空间的结构和性质取决于物质的分布，并提出宇宙空间有限无界的假说。狭义相对论和广义相对论从根本上改变了关于空间、时间和物质的概念。

1921 年，由于“光电效应定量称的发现”，爱因斯坦获诺贝尔物理学奖。他的理论被视为“人类思想史中最伟大的成就之一”，并著有《狭义相对论与广义相对论》、《相对论的意义》、《论理论物理学方法》等多部著作。

利·英费尔德，波兰理论物理学家。1898 年 8 月 20 日出生于克拉科夫。1921 年毕业于克拉科夫大学。1936 年到 1938 年间在普林斯顿高级研究院工作，在这里与爱因斯坦共事。1939 年起任加拿大多伦多大学教授。1950 年建立起经典电动力学的唯象模型，消除了点电荷能量的无限大（玻恩—英费尔德理论）。与爱因斯坦和霍夫曼合作，在广义相对论中由场方程导出了物体吸引的满意理论（爱因斯坦—英费尔德—霍夫曼理论）。他还是一位科学评论家和作家。他与爱因斯坦合著的《物理学的进化》享有盛名，被译成多种文字在多个国家出版发行。

利·英费尔德

成书背景

爱因斯坦答应合作编写此书的部分原因是以此在经济上帮助

英费尔德。而作为犹太物理学家的英费尔德从被纳粹占领的波兰离开后前往剑桥，在那里与物理学家马克斯·玻恩进行了简短的合作。其后他前往普林斯顿，在那里与爱因斯坦一起在普林斯顿高等研究院共事。爱因斯坦试图帮助英费尔德在那里找到一个永久性职位，但结果失败了。英费尔德从而想出了与爱因斯坦合作出版一本物理学史的大众读物的方法，认为此举定能获得成功从而可以和爱因斯坦平分版税。然而当他到爱因斯坦那里说明自己的提议时他的舌头却严重打结，不过最后他还是说清了自己的想法。爱因斯坦则认为“这个主意一点也不坏，我们应该去做”。

爱因斯坦和英费尔德在一起

英费尔德完成初稿以后，爱因斯坦逐字逐句地修改，然后两人才共同署名于1938年出版了这本在70多年后的今天依然影响很大的优秀科普书籍——《物理学的进化》。在本书问世的二十多年后，由于爱因斯坦已经去世，英费尔德对原版进行了修订。此时，物理学又有了新的发展，但由于《物理学的进化》只身讨论物理学的重要观念，在本质上并没有变化，因此修改并不很多。作为物理学的科普类读物，仍然适合读者阅读。

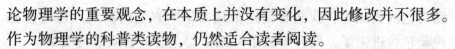

爱因斯坦和英费尔德在合著此书时，并没有将本书定位于一本物理学教科书去系统地讲述基本物理论据和理论，而是希望用更为通俗易懂的语言，用粗线条描绘出人类如何寻找观念世界和现象世界的联系。

内容精要

本书共分为“机械观的兴起”、“机械观的衰落”、“场，相对论”、“量子”四个部分，分别以有趣的故事或实验来讲述每个物理学理论。

在第一章中作者从伽利略的理想实验起始，通过引入矢量的概念介绍了伽利略和牛顿的经典力学，并从焦耳的热功当量角度解释了经典物理中所认为的热现象，它也可以用分子间作用力的机械观来描述。

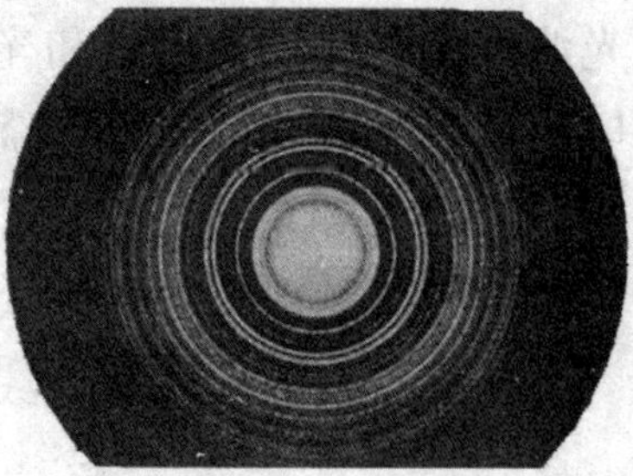

原著中的插图

直观印象里的世界大都是被人们用思维创造出来的。伽利略则开创性的用另一种新的方法来取代直觉。人们的直觉中，力与速度有关，但牛顿力学则改变了这种直觉，以力和速度变化为基础。力学中，如果知道一个运动物体上所作用的力，就可以预测该物体未来的运动路径。在天文学上，力学概念使我们确认，用不变的物体之间的简单作用力来解释所有的自然现象是可能的。为了解释现象而引入不同形式的力，对当时的世界影响重大。如物质动力论的发展就直接受到机械观的影响。在物质动力论的贡献中，我们看到这个从力学中兴起的新观点已经把热现象包含进去了，而且形成了一幅值得纪念的物质结构图景。

在第二章中作者首先展示了电磁现象无法用传统的机械观来描述，进而涉及光的本性问题。这里面描述了牛顿的微粒说和惠更斯的波动说关于光的本性的论战，虽然结果赞同了波动说（认为光是一种机械波），但又要同时假定不能用机械观来描述的作为光波的传播介质的以太的存在。

万有引力、电力或者磁力都可以用力来解释。按照机械观，所有外在世界的作用里都应该化成一种类型。我们又发现，服从牛顿定律的库仑定律的引力、电力、磁力都是沿着连接于相互吸引或相互排斥的物体的一条直线而作用的。但是磁极和通过电流的导线的作用力，却不是沿连接金属线和针的直线上，也不在连接电流体的粒子和基本磁偶极子的直线上。光的直线传播是最基本的光学论据。所有发光物体发射的粒子作用到我们的眼睛上，眼睛都会产生光的感觉。光的物质不止一种，不用的色就有不同的物质。惠更斯则认为，光是一种波，它的迁移并非物质的迁移。光波也可用来解释折射和光的多样性问题。直到 19 世纪，人们才广泛认可光波说，光可以绕过障碍物的现象成为光波说的有力证据。20 世纪以前，科学家们都致力于用机械观来解释各种自然现象，比如光学现象中的以太。但科学家并没有成功。

在第三章中作者用力线首先来描述引力场，进而用它来描述电场和磁场。作者解释说这是在尝试“用流体的语言来将熟悉的事实翻译成新的场论的语言”。爱因斯坦和英费尔德叙述了法拉第、麦克斯韦和赫兹的实验引发了现代物理学，迈克耳孙－莫雷实验和狭义相对论否定了以太的存在。

原著中的插图

最后，爱因斯坦在这里介绍了广义相对论。

自 19 世纪以来，物理学中出现了一个全新的观念，即“场”概念的发明。这项发明中，法拉第、麦克斯韦和赫兹功不可没。场用来描绘带电体之间与粒子之间的空间。由这个概念诞生了后来的麦克斯韦方程，即电磁场的结构、支配电和光的现象。相对论也是在场的概念上兴起的。第一阶段为狭义相对论，第二阶段为广义相对论。狭义相对论建立在两个基本假设上：在所有的相互的相互做匀速直线运动的坐标系中物理定量都是相同的；光速永远具有相同的值。广义相对论对时空连续区做了更深入的分析，建立了引力场的结构定律。相对论增强了场的概念在物理学中的重要性。

在第四章中作者通过光电效应实验引入了光量子概念并由此进一步引出了概率波的概念，“量子理论又创造了关于实在的新的主要特色。不连续性代替了连续性。放弃了掌握个体的定律，出现了概率的定律。”

影响和评价

两位科学家在写这本书时，将读者看做是缺乏数学和物理学知识的，因而在撰写过程中并没有过多引用数学公式，用浅显生动的文字，通过举例来呈现物理学的发展中的观念进化。其中主要的观念贯穿了伽利略、牛顿时代的经典理论以及量子论的演变情况，选取在这个观念进化过程中的几个重要转折点，以阐释经典物理学的命运和现代物理学中建立新观念的动机，从而指引读者怎样去探寻观念世界和现象世界的联系。

爱因斯坦在该书中基于的核心观点是“物理学实在”，其中也流露出对量子力学中存在大量不确定性的不以为然：“近几年来，量子物理学的全部困难已经集中在几个主要点上，物理学正在焦急地等待着它们的解决。但是，我们没有方法预知这些困难将在何时何地得到澄清”。该书的观点认为，是对“客观实在”的信仰导致了几个世纪以来在科学上逐步取得了伟大的成果，并说明“客观实在”这一概念虽然无法证明，但确实是有用的。正如书中宣称的那样：“如果不相信我们的理论结构能够领悟客观实在，如果不相信我们世界的内在和谐性，那就不会有任何科学。这种信念是，并且永远是一切科学创造的根本动机。”

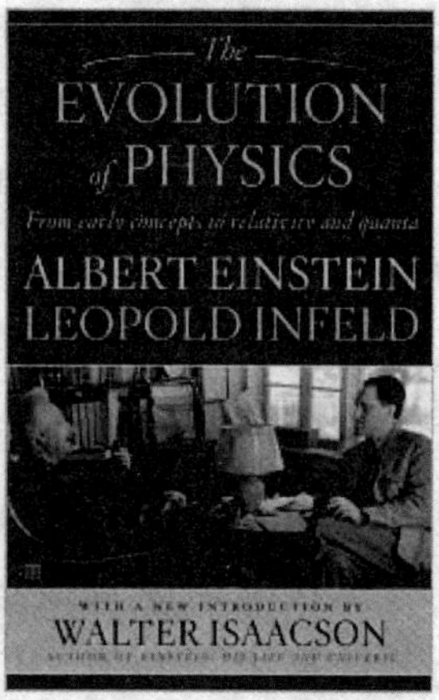

《物理学的进化》英文版封面

该书最初由剑桥大学出版社在1938年出版并获得了大众的广泛好评，《时代》杂志还特别为此书刊载了一篇头条报道。物理学家史蒂芬·霍金称此书为一场“革命”，他说：“今天我们已经很习惯接受量子力学的概念，从而很容易忘记当初我们要从量子角度来思考时所需要的具有纪念意义的思想转变。”

《趣味地球化学》

☞ 作者：[前苏联] 阿·费尔斯曼
（A. E. Ферсман）

☞ 译者：杨静

☞ 推荐版本：北方妇女儿童出版社
2002 年版

中文版封面

作者简介

阿·费尔斯曼是俄罗斯矿物学家、地球化学的奠基人之一。1883 年生于圣彼得堡，1907 年毕业于莫斯科大学。1910 年，年仅 27 岁的费尔斯曼就已经成为教授，并在两年后开创了“地球化学”这个科学历史从未有过的新学科。

阿·费尔斯曼

费尔斯曼曾当选为苏联科学院院士，担任科学院博物馆馆长，因其卓越的研究成果，曾获得矿物学会的安齐波夫金质奖章。1932 年，费尔斯曼创建苏联科学院乌拉尔分院，1936 年，组织了规模好大的多学科地质普查。

费尔斯曼不仅是著名的科学家，还是位活跃的科普作家。他出版过《趣味矿物学》、《趣味地球化学》、《我的旅行》、《岩石回忆录》、《宝石的故事》、《乌拉尔——苏联的宝库》、《俄罗斯石器文化史》等多部著作。

成书背景

《趣味地球化学》是费尔斯曼逝世后，由他的同事和学生赫洛平教授等多位学者整理手稿后，经修订补充后出版。经过前苏联的一些学者的不断修订再版，这本书的内容日臻完善，并随着各国译本的发行，越来越受到读者的关注。

《趣味地球化学》这本书包含了费尔斯曼一生呕心沥血的研究成果，讲述了原子的结构和特征，阐述了地球化学的理论基础。著者用严谨的态度，系统而充实地介绍科学知识，并不乏风趣地传播科学思维和科学方法。《趣味地球化学》构建了认识原子历史和地球化学历史的知识体系。作者深入浅出地引导读者，思考周围奇妙的世界。

1956 年，中译本发行，很快成为地质院校师生们喜爱的作品。“地球化学”这个学科也因为这本书的流传不再为世人陌生。

内容精要

20 世纪初，地球化学这个地球科学的分支开始兴起。前苏联科学家们的研究工作功不可没。地球化学的任务是研究和阐明地球内部化学元素的发展和动态。这些元素是自然界的基础。这些元素在地壳里面迁移，由于深度不同、压力不同、温度不同，它们的化合过程遵循不同的规律，这些就是地球化学所要研究的首要问题。

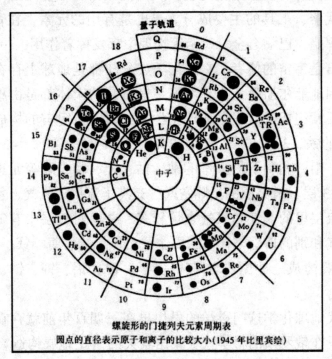

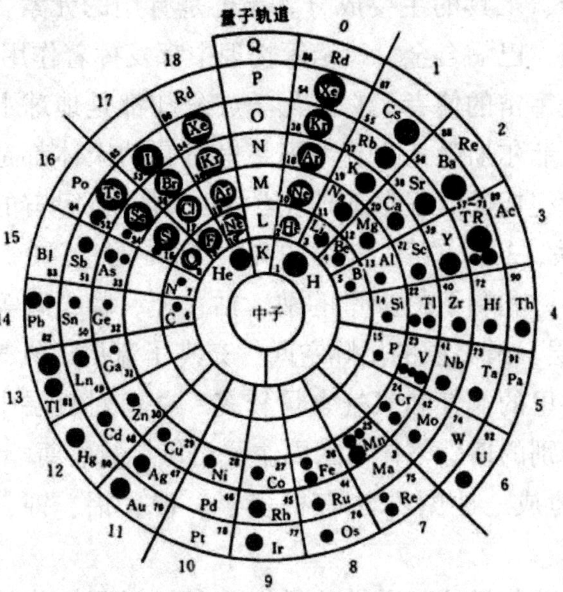

螺旋形的门捷列夫元素周期表

圆点的直径表示原子和离子的比较大小(1945 年比里宾绘)

原著中的插图

地球化学不仅研究化学元素如何在地球内部甚至整个宇宙里分布和迁移，还研究在具体的某些地区化学元素在一定的物质条件下如何分布和迁移，以便拟定勘探矿产的路线。

硅在自然界里分布最广，仅次于氧气。地球上的很多岩石都是硅的化合物，比如水晶、石英石、燧石等包含二氧化硅的成分，而玻璃、混凝土等都含有矽酸盐。碳是生命的基础，自然界之所以这样生机勃勃，都是碳的功劳。如果没有二氧化碳，气候不会像现在这样温暖。磷是有关生命和思想的物质，我们大脑工作离不开磷，磷在骨髓细胞的生长和发育过程中，也起着非常重要的作用。钙也是我们日常生活中不可缺少的一个元素。在药物化学、有机化学和无机化学中，钙都起着巨大的作用。钾的化合物用途也很广泛。钾有助于细胞的生长。铁在文化和工业发展中举足轻重，是武器、工具的主要成分。锡也是有用的元素，在青铜、马口铁、焊蜡、巴弼合金、蜡箔等物理中都发挥着作用……

陨石是宇宙的使者。它的化学成分却都是地球上存在的化学元素。因地菲尔斯曼认为，太阳系里所有的天体都是由相同的一些化学元素组成的。根据地球化学家的研究，宇宙的构成主要包括40%的铁，30%的氧，15%的硅，10%的镁，2%～3%的镍、钙、硫、铝，和剩下的少量的纳、钴、钾、磷、碳等元素。地球上下共13层，最高层的星际空间，充满了流星、氢气、氦气等分子；平流层里的氮气和氧气含量较多一些；对流层中有氮气、氦气、氧气和别的惰性气体。水圈主要由氢、氮、氯、镁、钠、钙、硫等元素构成。地圈中含有很多氧、矽、铝、钾、钠、镁、钙等……

现代地球化学这门科学的思想早在三四百年前就存在和发展了，最早在俄罗斯的科学家罗蒙诺索夫的《论地层构造》和《论金属的产出》两本著作里出现。后在1838年，瑞士的化学家绍本首次提出“地球化学”的概念，并认为“一定要先有地球化学才谈得上真正的地质科学”。1928年维尔那德斯创立生物地球化学研究所，成为生物地球化学的奠基人。如今，世界各地开始成立专门的化学研究所，而其中的研究者们很多开始从事地球化学的研究工作。

影响和评价

菲尔斯曼是杰出的矿物学家和地理学家，他一生对地球化学的研究工作具有世界意义，使得他在学术界具有很高的声望。前苏联别梁金院士曾评价他“菲尔斯曼对科学和对祖国的贡献是不可估量的，是永垂不朽的。他完全像俄罗斯不朽的科学家罗蒙诺索夫和门捷列夫，提出这两位科学家的名字来推崇菲尔斯曼，不是没有道理的。”

1934～1939年完成的巨著《趣味地球化学》是当时地球化学的权威专著，也是开启化学元素在地壳运动中变化家秘密的万能钥匙，被誉为“地球化学发展的重要里程碑”。英国伦敦地质学会为此授予费尔斯曼沃拉斯顿奖章。

《趣味地球化学》没有因为时代的局限和科学技术的发展而失去它灿烂的光辉。难能可贵的是书中的思路、观点和方法经得起历史的考验，是一本专业观点正确、知识丰富、寓科学于趣味之中的优秀科普名著，对当代的读者仍然具有强大的征服力和吸引力。

——著名化学家　欧阳自远

《物理世界奇遇记》

☞ 作者：［美］乔治·伽莫夫（George Gamow），［英］罗素·斯坦纳德（Russell Stannard）

☞ 译者：吴伯泽

☞ 推荐版本：科学出版社 2008 年版

中文版封面

作者简介

乔治·伽莫夫（1904～1968），俄裔美籍物理学家、宇宙学家。1904 年生于俄国的敖德萨市，曾在丹麦哥本哈根大学、英国剑桥大学、苏联列宁格勒大学从事科研工作。

伽莫夫被誉为“天才科学家”，他兴趣广泛，早年在核物理研究中已经取得了杰出的成绩，并首次提出宇宙“大爆炸”理论和生物学上的“遗传密码”理论，这两项理论，都获得了科学界的公认。

他还是一位杰出的科普作家，在他一生正式出版的 25 部著作中，就有 18 部是科普作品。他的许多科普作品风靡全球，《物理世界奇遇记》和《从一到无穷大》更是他的代表作，启迪了无数年轻人的科学梦想。由于他在普及科学知识方面所作出的杰出贡献，1956 年，他荣获联合国教科文组织颁发的卡林伽科普奖，被科普界奉为一代宗师。

罗素·斯坦纳德 1931 年生于英国，1956 年在伦敦大学大学学院获得物理学博士学位，1971 年起任英国开放大学物理学教授。他一贯热心科普工作，曾获得英、美两国的多项科普图书奖。

成书背景

伽莫夫热衷于普及科学知识的工作。1938 年，他受英国剑桥大学支持，在科普杂志《发现》上发表了一系列离奇有趣的科学故事。在这些故事中，伽莫夫塑造了这样一个主人公——对现代科学感兴趣的银行职员汤普金斯先生。这位汤普金斯先生通过聆听科学讲座、梦游物理奇境，学习有关相对论和量子论的科学知识。

1940 年，伽莫夫将这些小短篇汇集成册，起名为《汤普金斯先生身历奇境》，成为他的第一部科普作品。四年后，伽莫夫又将后来写作的短篇汇集成《汤普金斯先生探索原子世界》一书出版。而今天我们看到这本《物理世界奇遇记》就是伽莫夫将以上两本书进行合并、修订所成。

在《物理世界奇遇记》这本书里，加入了新发展的物理学知识，并以平装本出版发行，受到广大普通读者的欢迎。同时，伽莫夫将书更名为《平装本里的汤普金斯先生》。在这本书引入我国时，很多中国读者对汤普金斯先生的由来并不了解，因此，本书的译者吴伯泽先生将书名翻译为《物理世界奇遇记》。《物理世界奇遇记》可以说是一本非常成功的科普读物，一经面世，就受到科学界和读者大众的普遍重视和喜爱。在其后的几十年，被翻译为多国文字出版。

内容精要

在一个百无聊赖的公休日，汤普金斯先生起床后，打算看一场电影打发时间，在报纸上，他无意间看到了这样一则消息：本市将举办一系列介绍现代物理学知识的讲座，正好下午讲解爱因斯坦的相对论。他听人说，真正弄懂爱因斯坦相对论的人只有12个。于是他抱着想成为第13个人的愿望去了。

原著中的插图

汤普金斯听了好半天，才弄明白教授讲解的重点，就是爱因斯坦相对论中存在者一个最大的速度值，由于它的存在使得很多事情变得扑朔迷离。教授说，因为光的速度是30万千米/秒，所以日常生活里不容易看到相对论产生的神奇效应。听着听着，汤普金斯先生居然睡着了。在睡梦里，他梦到了一座古城堡，突然他看到了一个奇怪的现象，一个骑车的年轻人居然和车子慢慢缩扁了，他想了想，觉得这个地方的天然速度比较低。他骑了一辆自行车去追那个年轻人，费了好大劲才追上。令他惊奇的是，那个年轻人和正常情况一样蹬着自行车，只是他们之间没有相对运动，所以看起来像是透过柱形镜来看一样。

汤普金斯还看到一位大约40岁的绅士下了火车，被一位接站的老太婆叫“亲爱的爷爷”。他感到非常奇怪，那位绅士告诉他，

原著中的插图

因为他经常出差，大部分生活都在火车上度过，因此比住在城里的亲戚要老得慢许多……

有一天，汤普金斯先生从银行下班回来，路过一家酒馆，他突然看到一件令人费解的事情。有个人打中了台球，台球慢慢得向前滚去，汤普金斯发现，台球开始“弥散”了，好像桌子上滚的不是一个球，而是很多彼此相互叠合的球，教授告诉他，这就是量子力学现象。第二天早上，教授约汤普金斯去量子丛林，在那里所有的事业都服从量子规律。他们在丛林里遭到一群老虎的袭击，教授说其实是一只老虎，经过一阵乱扫射，一颗子弹终于打中老虎，所有的老虎突然化成一只死去了。他们还看到了很多围着火堆跳舞的土著人，但很难分辨他们的身影。他们看到了小木屋和树林，但是只要一走近，就都“弥散”开了，好想变成了很多屋子和树木……

原著中的插图

影响和评价

《物理世界奇遇记》这本书趣味横生，书中的汤普金斯先生的栩栩如生，代表了现实生活中的众多读者形象——对科学的茫然，却抱有兴趣。伽莫夫为使这本书带给读者“实惠”，从读者的真实水平出发，通过汤普金斯先生的故事，带入大家走入科学的神奇殿堂。

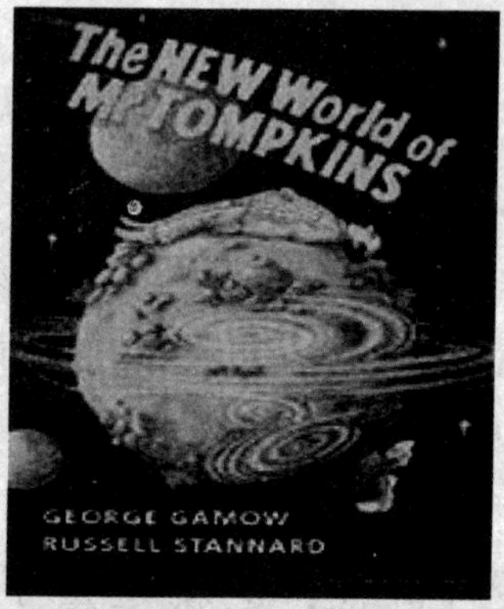

《物理世界奇遇记》英文版封面

这本书是一本非常有特色的科普读物，帮助读者在阅读故事情节的同时学习科学知识。伽莫夫从1938年塑造汤普金斯先生这个人物形象开始，到1967年对这本书进行最后一次修订，倾注了他对科普工作的全部热情。可以说，《物理世界奇遇记》这本书是伽莫最为成功、最具有代表性的一本著作。由于对普及20世纪前沿物理学所作出的杰出贡献，作者盖莫夫在1956年获得了联合国教科文组织颁发的卡林格科普奖。

《从一到无穷大》

☞ 作者：[美] 乔治·伽莫夫
(George Gamow)

☞ 译者：暴永宁，吴伯泽

☞ 推荐版本：科学出版社出版 2002 年版

中文版封面

作者简介

乔治·伽莫夫（1904 ~ 1968），俄裔美籍科学家。1904 年，伽莫夫出生于俄国敖德萨市，1928 年在苏联列宁格勒大学获物理学博士学位。1928 ~ 1932 年先后在丹麦的哥本哈根大学和英国剑桥大学师从著名物理学家玻尔和卢瑟福进行研究工作。1931 年回到列宁格勒大学任教授。1933 年在巴黎居里研究所从事研究。1934 年移居美国，任密执安大学讲师，同年秋被聘为华盛顿大学教授，1954 年任加利福尼亚大学伯克利分校教授，1956 年改任科罗拉多

乔治·伽莫夫

大学教授。

伽莫夫是一位兴趣广泛的天才。他早年在核物理研究中取得出色成绩，其后又在天体物理学上与勒梅特一起最早提出“大爆炸”理论，甚至在生物学上首先得出“遗传密码”理论。他还是一位杰出的科普作家，在他一生正式出版的25部著作中，就有18部是科普作品。他的许多科普作品风靡全球，《从一到无穷大》更是他的代表作，启迪了无数年轻人的科学梦想。由于他在普及科学知识方面所作出的杰出贡献，1956年，他荣获联合国教科文组织颁发的卡林伽科普奖，被科普界奉为一代宗师。

成书背景

在伽莫夫的一生当中，他最大的兴趣是攻克自然界的难题，不管是物理学的，天文学的还是生物学的。然而正像他自己所说的，科学研究要取得进展需要一种灵感，而新颖、激动人心的思想并不是每天都会出现的。每当他苦于缺乏新鲜想法来推动自己的研究时，他就写一本书，《从一到无穷大》也不例外。有趣的是，伽莫夫最初写作这本书时，是想以孩子们为对象，打算写给他刚满12岁、一心想当个牛仔的儿子伊戈尔和他的同龄人的，但后来放弃了这个想法。

伽莫夫在书中用随意自然的笔触、通俗易懂的语言，将数学和物理学的理论有机结合在一起。文字如同信手拈来，轻松自如，极具大家风范，非常易于普通读者阅读。这本书作为一部“高级科普”，要想完全弄懂里面的科学知识，并不是一件易事。因此，深入探究其中的科学奥妙，还是需要读者做好充足的知识准备。

20世纪70年代，科学出版社引进出版了伽莫夫的这本科普名著，在国内引起了很大的反响。《从一到无穷大》的中译本首次问世，对当时的中国读者来说，具有另外一层意义。1978 年，我国开始恢复高考，许多大学生求知若渴，这本“重量级”科普读物的出现恰似雪中送炭，得到很多读者的喜爱。可以说，《从一到无穷大》影响了整整一代人。

为了使更多的读者领略这本书的魅力，2002 年科学出版社根据原书 1988 年新版进行了校订修改，在一些地方添加必要的注释，以全新的面貌重新推荐给读者。

内容精要

现在人的计数习惯，是在 A 的后面接上一串零，简记成 $A \times 10n$，n 为正整数。但是古代人可没有这样的先进方法，比如古埃及人反复书写一定次数的方法来计数的。直到阿基米得开发出“万”这个数，后来有引进了“万万”的第二阶单位、“亿亿”的第三阶数字、“亿亿亿”的第四阶数字等等。

英文原著中的插图

大数总能在生活里通过各种各样的方法发掘出来，印度舍罕王在象棋上奖励发明者西萨·班宰相麦粒、梵天创造世界时留下梵塔来计算“世界末日”等等。这些令人难以置信的庞大的数字如何进行比较呢？著名数学家康托尔发明了比较无穷大数的康托尔法则：给两组无穷大数列中的各个数一一配比，如果最后这两组都不剩，那么这两组无穷数就是相等的，如果有一组还有剩余，那么这组数就比较大。按照这个规则，我们得到了偶数与奇数数目相等、普通分数和整数数目相等、整数数目和单单偶数的数目相等的结论。但在无穷大数上，可不一定会具有这样的规律，即无穷大的世界里部分可能等于全部。但是我们却不能只得出所有的无穷数都相等的结论，比如曲线样式的数目大于所有无穷大数。

英文原著中的插图

数学被应用在科学的各个领域，但是“数论”却遭到冷遇。它是纯粹数学思维的最错综复杂的产物，很多卓有建树的数学家依旧没能在“经验”之外，对数论的一些定理从“数学”上进行证明。如著名的哥德巴赫猜想，至今只被数学家陈景润证到了“每个偶数都能表示为一个质数及一个不超过两个质数的乘积之和”。我们知道负数的平方根在实数范围内没有任何意义。但是意大利数学家卡尔丹把负数的平方根写进公式，定义为“虚数”。此外，卡尔丹还把实数和虚数结合起来形成单一的表达式，且称之为复数。虚数的概念从此闯入数学家的生活。依靠 -1 的平方根（$\sqrt{-1}=i$），数学家们发现普通的三维空间可以和时间结合，从而形成遵从四维几何学规律的四维空间。

英文原著中的插图

说到四维空间，不得不提爱因斯坦的相对论。从苹果中被虫子吃出曲折的隧道、圆圆光光的面包圈、到翻转过来的宇宙，我们都发现了四维空间不寻常的性质。时间和空间常被用来描述我们的世界，几乎所有的实际物体都是四维的：三维属于空间，一维属于时间，比如盖房子，房子的高宽长说的是空间，而房子从盖起来到倒塌说的是时间的概念。

从四维几何学的观点出发，高速运动物体的相对论收缩效应，就是时空坐标系的旋转使物体的四维长度在空间坐标上的投影发生了改变。时空坐标系的旋转改变了时间间隔。举个简单的例子，如果你坐上了一辆几乎和光速一样快的飞船，前往距离地球9亿光年的天狼星。由于你的心脏、呼吸、思维都慢了7万倍，你认为花费几小时的时间，在地球人看来已经过去了18年。这个结果让人大吃一惊，但现实生活中不太可能出现的情况。因为光速是宇宙运动速度的上限，没有任何物体能以光速或超光速运动。

在宇宙时空观的宏观世界里，科学理论的发展如上所述。而在微观世界里，人们总是喜欢从熟悉物体入手，剖析它们的内部结构，进而发掘物质性质的最终构成。古希腊哲学家德谟克利特最先提出，物体都是由很多微小粒子——原子构成的。而当时的“最小单位（原子）”又被英国物理学家汤姆逊分割为带正电和负电的两部分。1911年，卢瑟福将原子结构用核式模型形象地描述出来。目前随着科学的发展，质子是否为最基本的粒子，这个结论还不得而知，更深入的研究还在继续。

影响和评价

《从一到无穷大》是伽莫夫的代表性作品之一，自问世以来，多次再版，并被译成许多国家的文字，被奉为科普界的圣经。

作者通过讲述科学入门知识的“一”，使读者向纵与深双向的“无穷大”方向努力，通过从人类的林林总总的科学活动中摘取沧海“一”粟，使读者窥到科学大千世界的“无穷大”的壮美和改造世界的“无穷大”的潜力。

英文原著中的插图

许多第一流科学家都高度评价这本书，认为它很值得一读乃至于一读再读。

本书译者暴永宁在译后记中这样评价这本书：“特别应该指出的是。一般的科普读物，往往怕数学太‘枯燥’和‘艰深’而不敢使用它，只局限于作定性的概念描述。这本书则恰恰相反，全书都用数学贯穿起来，并讲述了许多新兴的数学分支的内容。正以为使用了数学工具，本书才达到了相当的深度。”

“该书是俄裔美籍科学家伽莫夫的另一力作，该书被誉为‘二十世纪最有影响的科普经典名著’。此书把数学、物理和生物学的许多内容有机地融合在一起，从微观方面和宏观方面为读者们提供一幅宇宙的总图景。”

——《中国图书商报》

“这是科学写作史上的一部奇书，把新颖深刻的科学思想与善打比喻讲故事的生花妙笔完美地结合在一起，以致许多诺贝尔物理奖获得者都喜欢读这本书，认为每读一次都会有新的收获，激发新的灵感。……作者伽莫夫虽然没有获得过诺贝尔奖，但20世纪最伟大的四个科学模型（夸克模型、大爆炸模型、双螺旋模型和板块模型）的中间两个都与他密切相关，其中大爆炸模型就是他首先提出来的，而双螺旋模型所代表的分子生物学的发展得益于他首先提出的遗传密码理论。科学界普遍认为大爆炸模型应该获诺贝尔奖，而且首选的获奖人选就是伽莫夫，可惜他去世较早，与诺奖无缘。伽莫夫像是科学界的智多星，许多革命性的观念不断从他的头脑里蹦出来，而这些新观念在《从一到无穷大》这本书里经常有不经意的流露。”

——吴国盛，北京大学哲学系教授

《双螺旋》

☞ 作者：[美] J·D·沃森
(James Dewey Watson)

☞ 译者：刘望夷

☞ 推荐版本：科学出版社 2006 年版

the double helix
中文版封面

作者简介

沃森，1928 年出生于芝加哥，15 岁就进入芝加哥大学学习，19 岁获得动物学学士学位。在 25 岁时，做出了永垂生命科学史册的工作——与英国科学家弗朗西斯·克里克一起提出了 DNA 双螺旋模型，在 34 岁时因这一工作获得了 1962 年度诺贝尔医学和生理学奖。1968 年，沃森离开哈佛大学到冷泉港实验室担任指导工作。

沃森

成书背景

1953 年，克里克和沃森发现了生命的秘密——基本遗传物质 DNA，这一重大发现为分子生物学在科学研究史上打开了一扇大门。两人因此获得诺贝尔生物学奖。沃森的名字很快享誉世界。很多人开始敦促沃森写一本回忆录，他本人也正有此意，最初的书名定为《发现 DNA 结构的个人记事》，后来，沃森与哈佛大学出版社签约，几经易稿，后定为《双螺旋》这个书名。

克里克和沃森在他们发现的 DNA 模型前

沃森的学生生涯，具有传奇色彩，他被称为科学界的神童。15 岁进入大学，22 岁就获得了动物学博士学位，25 岁发现 DNA 双螺旋结构。他对研究方向的选择非常“自我”，他一直在思考到底什么研究对于他来说是有意义的。沃森辗转多个学校，终于确定将解释生命遗传活动的本质作为自己终身的科学事业目标。事实证明，他的选择是正确的。《双螺旋》这本书讲述了沃森的这个故事。

沃森本人个性十分鲜明，善于思考，不喜欢整天在实验室忙忙碌碌。沃森的个性在他研究生涯中的作用，也在《双螺旋》中得以体现。

《双螺旋》这本书记载了他在 1951 ~ 1953 年间的研究方法和想法，介绍了 DNA 结构的源起和发展。后在 1980 年重新校版时，又加进了新的内容，并在附录中收进了沃森和克里克的原始论文。

内容精要

1955 年，我和几个朋友一起去阿尔卑斯山，由金氏学院研究员狄西雷斯当向导，当我们步行上山时，遇到了威利·西兹，但他只简单打了个招呼就匆匆下山了。弗朗西斯·克里克在 DNA 的研究中，对我的影响最大。克里克从来没有谦虚过，虽然他的同事们认识到他思考敏锐而且深刻，但是觉得他太夸夸其谈了。克里克介于理论家和实验家之间，只是埋头研究蛋白质结构。克里克嗓门很大，甚至无法让布喇格安宁，克里克喜欢爽朗的大笑，不喜欢与“高校教师”在“高级餐厅”吃饭，因此反传统的金氏学院收留了他。

1946 年，弗朗西斯读了薛定谔的《生命是什么?》后对生物学产生了兴趣。但他没有立即投入到 DNA 的研究中，而且由于莫里斯·威尔金斯对 DNA 的不热情感到灰心。威尔金斯最早激发我关心 DNA 的 X 射线工作。我对 DNA 的兴趣源于想了解基因是什么。由于我对化学知之甚少，因此选择出国留学。我接受赫尔曼的建议，去了那不勒斯动物实验站。在那不勒斯，我的大部分时间是在大街溜达。我梦想着能够发现基因的奥秘。在莫里斯的一次演讲中，我对一张 DNA 的 X 射线衍射图印象深刻，它激发了我对 DNA 结构的浓厚兴趣。

我回到哥本哈根时，决定去剑桥跟随马克斯·佩鲁兹学习分析 X 射线衍射图。佩鲁兹对生物大分子、尤其是血红蛋白的结构很感兴趣。马克斯给我提出了学习的计划，并且引荐给布喇格。从我到实验室的第一天，我发现与克里克的交谈非常有趣。我们一致认为，DNA 比蛋白质更重要。我们计划模仿鲍林并且超过他。不久，我发现鲍林的成功是常识的产物，而不是复杂数学推理的结果。因此我们决定用同样的方法来解决 DNA 的问题。我们假定 DNA 分子含有许多按规则直线排列的核苷酸，但解决 DNA 结构比解决蛋白质的 α 螺旋结构更复杂。DNA 的分子的直径比单独一条多核苷酸的直径要大许多，如果通过氢键维系在一起必须弄清楚。不过事情由于弗朗西斯和布喇格的争吵而中断。他对物理学突然不感兴趣，并且于 1947 年来到剑桥大学。

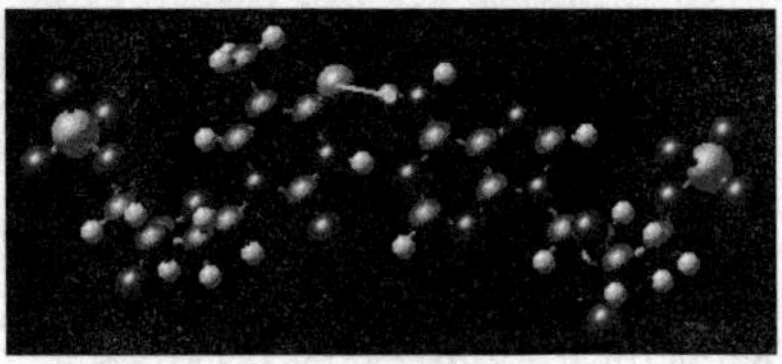

DNA 的双螺旋结构

到了 11 月中旬，我学到的结晶学知识，足以听懂罗西滔滔不绝地讲演有关 DNA 问题的大部分内容。一次度假途中，我和弗朗西斯巧遇，但是却不能回答他对罗西演讲内容的问题。弗朗西斯认为，他能够立即去做的是分析 DNA 的数值。从表面看，根据 X 光衍射数据，可能是两条、三条或者四条核苷酸链。但关键的问题是 DNA 链围绕中心轴旋转的角度和半径是多大。一路上，我们详细得谈论着一旦有了 DNA 我们要干些什么……

影响和评价

解读基因中的生命奥秘，是 21 世纪生物学最重大的课题。《双螺旋》一书记述的事件解释了基本遗传物质 DNA 的结构。书中，沃森不仅记录了自己亲身经历的重大事件，还介绍了 DNA 结构的来龙去脉。这本书的科学价值引起人们的注意，克里克和沃森发现 DNA 的结构，是 20 世纪伟大的科学事件，这一发现为现代分子物理学的发展奠定了基础。随后而产生的有关遗传因素的研究，都受到这个大发现的鼓舞。

这本书既是一本有关科研成果的著作，又是一本情节生动、结构严谨的“剧本”。它记录了沃森的研究生涯中出现的两难境地——沃森的成果不可否认有前人的铺垫，当成果发表于世，成就的归属也成为困扰著者的一个问题。沃森在《双螺旋》中一书用爽直的笔触，描绘了他对欧洲尤其是英国的印象，不仅讲科学，而且讲人生。《双螺旋》这本小册子，不仅是一部记载20世纪生物学发展的历史书籍，还是一本感性的印象记录。

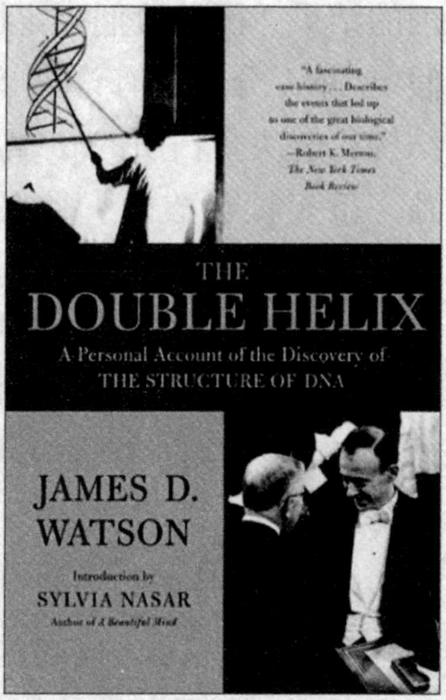

《双螺旋》英文版封面

“说起人类基因组，就不能不讲DNA；说到DNA，就不免想到它的双螺旋结构，就一定会去追寻那些首先攀上生命之梯的高大身影——詹姆斯·迪维·沃森等人，DNA双螺旋结构的发现被称为20世纪最伟大的科学成就之一。究竟是什么样的契机、什么样的际遇、什么样的人生使他成为幸运的成功者呢？也许就是通过沃森博士的《双螺旋》一书可见一斑。”

——《基因研究史》

《所罗门王的指环》

☞ 作者：[奥地利] 康拉德·劳伦兹（Konrad Lorenz）

☞ 译者：游复熙，季光容

☞ 推荐版本：中国和平出版社 2003 年版

中文版封面

作者简介

康拉德·劳伦兹，是世界动物行为学的创立者，1973 年获得诺贝尔生理医学奖。他出生于奥地利维也纳的康拉德·劳伦兹。从小生活的原始环境被他称作“博物学家的乐园”，童年时期的生活影响劳伦兹后来的成长。

劳伦兹

劳伦兹大学时期攻读医学和生物，1933 年获得博士学位，很快因为他在雁鹅及穴鸟方面的研究在学术界扬名。后在维也纳大学执教比较生理学和动物心理学。

除了学术成就外，劳伦兹最为人称道的，是他向一般大众描述动物行为的生花妙笔，《所罗门王的指环》是他的第一本通俗科学作品，流传最久，也最为脍炙人口。《雁语者》则是他去世前写成的最后一本书，是劳伦兹一生研究工作的缩影。

成书背景

《所罗门王的指环》是劳伦兹流传广泛、深讨读者喜爱的第一部科普作品。作者在这本书中，用诗人博爱、敏感的情怀，描述动物的行为。这本书每一章每一节都介绍不同动物的行为，都可以算作经典的故事来阅读。

之所以把这本书起名为“所罗门王的指环”，劳伦兹的解释是“根据史书记载，所罗门王能够和所有的动物交谈。这事情我也会，虽然我比不上所罗门王，能够和所有动物交谈，而只能和几种我特别熟悉的动物交谈。这点我承认，但是我可不需要魔戒的帮助，这点他就不如我了！”

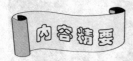

劳伦兹和动物们亲密无间

内容精要

一个鱼缸体现了一个世界。因为它就像是一片天然的池塘和湖泊，就像我们生存的星球，在某种神奇的力量下，遵守着平衡。在鱼缸里，青草为鱼提供氧气，鱼呼出的二氧化碳又为植物们提供生长的养分。动物死后分解的成分，又可以供植物生长。在这个小小天地里，动植物们息息相关，保持着生态平衡。但是这种平衡也很脆弱，如果我们人为地多放一条鱼，可能导致这个鱼缸中的失衡。长久恶性循环，清冽的池水也会变成浑浊的污水。

一条斗鱼总是喜欢躲在鱼缸的角落里，收起鱼鳍。当另外一只斗鱼游过来后，他们才会展开鱼鳍，燃起炙热的光，放出鲜艳炽烈的色彩。斗鱼的交配显得非常壮烈，像战斗一样。它们激烈得舞蹈。通常雌雄两条鱼相互比试自己的最鲜亮的色斑和最夺目的虹纹。而一般雄性斗鱼色彩会更鲜艳，雌性如果甘拜下风，就会以身相许。欧洲棘鱼和泰国斗鱼的舞蹈不太一样。如果棘鱼在鱼缸中筑了巢，就会誓死捍卫它的领土，不论对雌性还是其他雄性，都会发出鲜艳的光。棘鱼的战斗勇气来自于和家的距离。两条棘鱼打仗，往往离巢近的棘鱼勇气十足，即使一条小鱼也能打败大鱼。

劳伦兹曾经养过一只叫“汉子”的乌鸦，他发现这只乌鸦有惊人的语言学习能力。“汉子”的主人是一个铁路工人。罗伦兹在养“汉子”的日子里，发现它能说很多村野闲话。有趣的是，“汉子”嘴里出来的都是南奥口音。后来“汉子”又失踪，再看到它的时候，腿部受了伤，但它又学会了一个新的句子“哈哈，果然着了你少爷的道儿”。不过还用的是南奥方言。鸟类学话并不是一件容易的事，但是一旦学会了，怎么的忘不掉，包括口音。

狗在很久以前就是人类的忠实伙伴。狗在出生几天，就自己选定了主人。对于这种狗与人的盟约，至今还是一个谜。狗对人的忠实，一般有两种原因：第一种因素是，每只野狗对于狗群之首天生就有服从和尽忠的精神；当野狗被驯养成家狗后，由于这种天性，狗就把对首领的忠诚转移到到人身上了。另一种因素是，家狗与野狗相比，具有保持幼狗爱母的情结。只是随着幼狗的成长，它们开始把对母亲的依恋转移到了人身上。

在劳伦兹的家里有一只叫“娇客”的穴鸟，劳伦兹可以模仿它啼叫。在娇客羽毛刚刚长硬的时候，突然之间对劳伦兹产生了非常强烈的依赖。无论劳伦兹走到哪里，它都寸步不离。年幼的时候，和劳伦兹一起出去散步，娇客还会喜欢追赶比劳伦兹步伐快的人，当它发现自己错了的时候还是会飞回来。娇客长大后，克服了自己追赶的习惯，虽然还会做出一副要飞出去的样子，但是还是会紧紧跟随着劳伦兹。鸟类如果和同类分开太久，就并不知道自己是禽兽。不仅它的社会行为发生变化，甚至性的需求也会转移到与它幼年有着密切关系的人身上。娇客就爱上了劳伦兹家的女佣。即使女佣后来出嫁，还会固执地搬到另一个家去。

劳伦兹和鸟在一起

影响和评价

劳伦兹作为一位动物学专家，和动物生活在一起。虽然他声称自己是个“冷静”的观察者，但是在书中，我们发现他用很多人难以企及的耐性养育他的动物朋友：他忍耐娇客的喂食，欣赏鹦鹉可可的恶作剧……在劳伦兹的笔下，动物们具有人一样的个性可爱有趣。劳伦兹用这种既冷静又慈爱、既写实又活泼的文笔，写下了很多动物世界的新鲜事。

《所罗门王的指环》英文版封面

《所罗门王的指环》是动物行为学界的一部奠基性的著作，对后来的研究和知识普及都具有非常重要的意义。2000 年在中国科技部、中国科学院、中国科协联合会主办的“科学家推介 20 世纪科普佳作”活动中，本书荣获“20 世纪科普佳作”称号。

《啊哈！灵机一动》

中文版封面

☞ 作者：[美] 马丁·伽德纳
(Martin Gardner)

☞ 译者：李建臣，刘正新译

☞ 推荐版本：科学出版社 2007 年出版

作者简介

马丁·伽德纳是一位世界知名的趣味数学巨匠。他 1914 年出生于美国俄克拉何马州的塔尔萨，中学时代就对数学产生了浓厚的兴趣，大学时代主修哲学课程，这段时间的学习培养了他擅长推理和思辨的思维特质。1936 年从芝加哥大学毕业。毕业后的 5 年，他主要从事新闻工作，练就了他敏锐的观察能力、概括能力和语言表达能力。

马丁·伽德纳

1941 年伽德纳应征入伍服役 4 年，退伍后作为自由撰稿人以写作维持生计。1956 年，美国著名科普杂志《科学美国人》开设“数学游戏”

专栏，这个专栏一直延续了四分之一个世界，马丁·伽德纳成为这个专栏的撰稿人，从此开始了在趣味数学领域的写作生涯。伽德纳笔耕不辍，他撰写的内容涵盖很多数学分支，包括数论、几何逻辑、排列组合、运筹、拓扑、统计、概率、悖论等。伽德纳在趣味数学传播中所做的杰出贡献，得到许多大数学家的高度评价，并荣获 1987 年美国数学学会斯蒂尔奖和 1994 年数学交流奖。伽德纳一生共出版十几本趣味数学科普作品，文字高达百万计，被译成法文、德文、俄文、日文等多国文字流传于各国。

成书背景

本书的形成，最初源自作者为《科学美国人》杂志“趣味数学”专栏撰写的系列文稿。后来，该杂志社所属的 W. H. 福尔曼公司为了出版一套给中学生使用的数学辅导读物，便把作者的这些专栏文稿汇编成册，并且制作了配套使用的教学磁带。随着时代的发展，录音带、录像带、DVD 等多媒体形式不断推陈出新，另一方面，人们又觉得这本书实际上可以脱离多媒体的配合单独发行，于是福尔曼公司便适时推出了该书单行本，得到了满意的市场效果。本书所配插图为加拿大人吉姆·金先生所做。

1981 年，马丁·伽德纳的代表作《啊哈！灵机一动》在中国亮相，他的作品很快受到中国读者的喜爱。他用诙谐轻松、生动浅显的语言，把深奥晦涩的数学原理还原于生活中的常见现象，使读者惊叹生活数学的神奇。

内容精要

常规的理论研究思路是通过无休止的推理计算，去证明一个复杂的理论。往往一个理论的最初证明，填充了几十页厚的书稿。对于普通大众看来，这些书稿像天书一样晦涩难懂。但在生活中，我们却发现结论有时候只用一个奇思妙想就可以证明。

本书把生活中乍现的这种“妙想”集合起来呈现给读者。心理学家把这种瞬间闪过的妙想称之为“啊哈反应”(aha！reathions)（即灵感)。实验心理学家解释瞬间产生的灵感，喜欢举例一个关于测试大猩猩解决问题能力的实验。在实验中，香蕉被挂在天花板的中央，大猩猩眼望香蕉垂涎欲滴。屋子的墙角还堆着大大小小的木箱子。实验者希望看到大猩猩把这些箱子垒起来，然后站上去吃香蕉的情景。可事实却没有像实验者预期的那样。大猩猩跳来跳去始终没有够着香蕉，变得越来越沮丧。为了启发大猩猩去学习吃到香蕉的方法，实验者把箱子搬到一起。但是当实验者到天花板中央时，大猩猩突然一跃跳上实验者的肩膀，兴奋得摘下了香蕉。这个有趣的实验告诉我们，一个貌似复杂的问题，方法并不像想象中那样复杂。也许就是一道灵光乍现，问题就迎刃而解了。

原著中的插图

《啊哈！灵机一动》这本书所推崇的就是这样一种创造性思维，精选了一些貌似复杂、用循规蹈矩的方法很难解决的问题，启示读者用非传统的思维方式

原著中的插图

去寻找解决问题的最佳方法。书中鼓励读者跳出常规的思维模式，用开放的思路去发现问题的答案。在解决问题当中，读者们感叹思维的奇妙，享受创造的快乐。

书中把精选的问题分成了6类：组合、几何、数字、逻辑、程序以及文字。每一类内容都比较宽泛，不同类之间的交叉亦无法避免。有时在这一类中讨论的问题，在下一类中的某个地方可能还会触及，对每一个问题作者都力争从一个有趣的故事出发，围绕着这个故事引发开去，使读者在兴致勃勃中解决问题。这样做的目的是想通过情绪的协调来激发读者超常的思维。希望读者在处理每一个新问题时，不管这个问题多么稀奇古怪，不要花费许多不必要的时间在一个思路上钻牛角尖，要从各个不同的角度去考虑。

原著中的插图

除此之外，每一个问题都配有加拿大画家吉姆·格林先生绘制的简明示意图，问题之后还附有说明。这些说明使问题逐步深入，其中很多说明会把读者带入五光十色、扑朔迷离的现代数学王国。为了体现科学的严谨，在有些地方，作者还特别指出某些问题至今尚无定论。

影响和评价

《啊哈！灵机一动》这本书从简单的算术、代数到莫测高深的拓扑学、超穷数，涵盖了十分丰富的内容。从这本书中，读者可以找到自己感兴趣的“热点”，各得所需。伽德纳的语言诙谐，文字生动，懂得与读者共鸣。虽然很多人都把高深莫测的数学当成难以靠近的“高雅”科学，都不敢以数论、图论、群论、组合分析、射影几何、仿射几何、差分学等等专题作为科普作品的内容，但伽德纳却能够游刃有余地在数学领域中发掘科普的意义。甚至有人认为，在这一方面，连著名的苏联数学科普作家别莱利曼也比不上他。

伽德纳作为一位“业余”的科普作家，将晦涩无味的数学描述得趣味盎然，也足以证明伽德纳知识非常渊博。他的作品使很多读者，甚至数学家着迷。斯蒂芬·古尔德赞誉伽德纳为“美国的国家财富”。伽德纳获得过多项荣誉，曾连获美国物理学会及美国钢铁基金会的优秀科学作者奖，他的肖像曾在《生活》杂志及《新闻周报》上刊登。

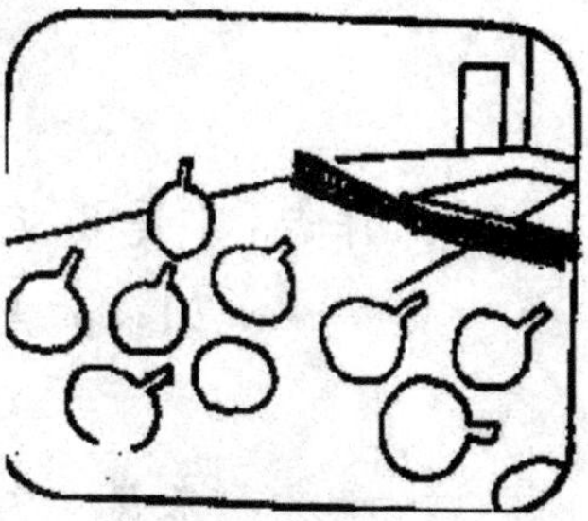

原著中的插图

马丁·伽德纳是一位业余的超级魔术大师，这是毫无疑义与众口一词的。但是，与他的一项看家本领相比，神乎其神的魔术招数毕竟是小巫见大巫，也许会退避三舍。原来，任何爱不忍释的文章。《啊哈！灵机一动》就是其中之一。

——著名科普作家　阿西莫夫

《最新科学指南》

☞ 作者：[美] 艾萨克·阿西莫夫
(Isaac Asimov)

☞ 译者：朱岚

☞ 推荐版本：江苏人民出版社 1999 年版

中文版封面

作者简介

艾萨克·阿西莫夫是美国生物化学家，也是享誉世界的科普和科幻巨匠。1920 年生于前苏联斯摩棱斯克的彼得洛维奇。1939 年毕业于哥伦比亚大学的化学系，自 1955 年起，开始担任波士顿大学医学院副教授，从事酶学、光化学的研究。期间，他一直没有中断科普和科幻创作。他的几部重要作品有《我，机器人》、《基地》、《天上的小石子》等。

阿西莫夫是一位多产的作家，以广泛的体裁创作出版了近 500 本书，读者遍布世界各地。

成书背景

1959 年，基础丛书出版社的编辑雷昂·斯沃斯基邀请阿西莫夫为成年人写一部关于 20 世纪科学发展概览的科普读物。阿西莫夫对写作这样一本跨越众多科学领域的读物，并不十分有把握。他的女友珍妮特·杰普森给了他莫大的鼓励。最初这部书的名字拟为《聪明男人的科学指南》，后因这个题目会缩小受众的范围，忽略女性读者，因而阿西莫夫将书名简化为《最新科学指南》。

令人惊叹的是，阿西莫夫在短短的三个月就洋洋洒洒地完成了 40 万字书稿，但是作为一本"科学大纲"式的作品，出版方有些挠头，后将这本书精简了 30% 的内容分为两卷出版。虽然这样"武断"地删减篇幅，引起阿西莫夫的极其不满，但市场的响应度使他稍得宽心，因为这本书很快成为一本畅销书。

1962 年，这本书经修订，添加类星体、激光等内容，改名为《聪明人科学指南新版》，后在 1972 年再次修订，再次更名为《阿西莫夫科学指南》，并增添了脉冲星、黑洞、大陆漂移、人类登月等新发现。

内容精要

人类自诞生以来，就对外部宇宙抱有极大的好奇。从古至今，从来没有间断过对宇宙的探索和考察。经过数千年来的努力，人类对宇宙的知识逐渐从模糊到清晰。宇宙没有边际，并且由无数星系组成，地球人类生存的太阳系是其中之一。目前，人类通过运用越来越现今的仪器，已经获得了类星体、中子星、黑洞等新天体的资料。

太阳系是由 1 个恒星——太阳、4 个大行星、5 个较小行星、40 多颗卫星、10 万多个小行星和 1000 多亿颗彗星组成。环绕太阳公转的九大行星为水星、金星、地球、火星、木星、土星、天王星、海王星、冥王星，这九大行星同时逆时针自转。月球是地球的唯一卫星。人类最早的历法，根据月球绕地球公转周期和月球绕太阳公转周期来制定，即农历和阳历。

地球是人类生活的家园，它是一个巨大的椭圆体，由地面到底薪，其结构为地核、地幔、地壳。地球表面有丰富的水资源，是生命的摇篮。

大气存在于我们的周围，最早证明大气存在的实验发生在 1664 年，即托里拆利的水银柱实验，为气象学奠定了基础。

元素是构成物质的基本元素，至今已发现 100 多种。化学是研究元素的主要学科，俄国化学家门捷列夫将众多的元素排列成元素周期表。

物质构成的最小单位是原子。原子由原子核和核外电子组成。电子是英国科学家卢瑟在实验中发现。后产生了中子、轻子、强子、夸子等粒子的概念。

物理学界普遍承认二象性理论。比如普朗克证明辐射具有粒子性和波动性；爱因斯坦证明同一体存在质量和能量，时间和空间不可分……

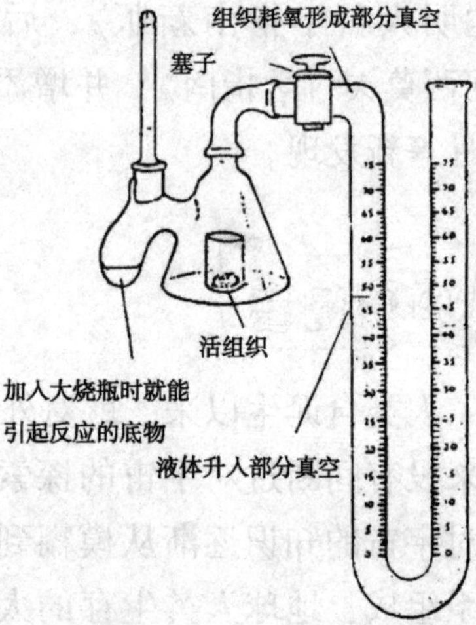

原著中的插图　瓦尔堡测压计

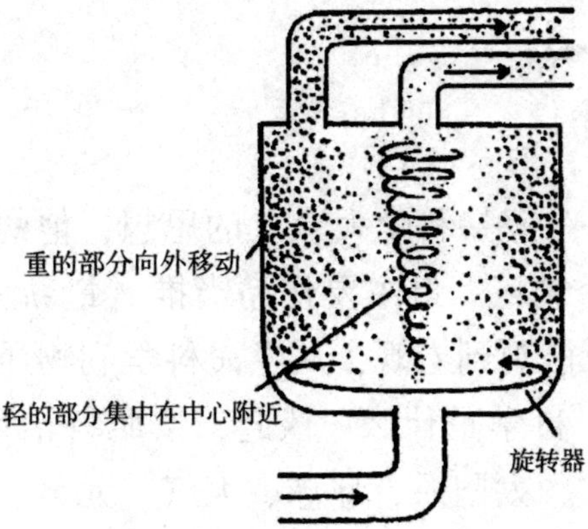

原著中的插图　离心机的原理

核能填补了能源应用的空缺，一方面弥补化石燃料日近枯竭的尴尬，另一方面保证太阳广泛应用前的能源不足。虽然，原子能的发现带给人们好处，但是也给人类带来灾难。

分子是一种基本微粒，不可再分割。今天，化学家们已经能够描绘出很多复杂分子的结构图，能够辨识出特定分子在机体中的作用，并且能够预测某种已知结构分子的具体性状。

1665 年，英国科学家胡克发现了软木中的细胞结构，之后的历史发展中，科学家认识到这些像修道院里的小房屋的结构是构成生物的生命单位。至此，生物学家领域有了很多突破性的成就，比如对染色体、基因、核酸等的研究。

人体依赖其他生物而生存，摄入食物中的淀粉、蛋白质、脂肪等营养成分。人体中的酶将这些大分子进行分解并且吸收，保证机能的正常运作。另外，人体还从食物中获取维生素、无机盐、激素等物质来保证身体健康。人区别与其他生物重要因素在于大脑。大脑帮助人具有其他动物无法企及的智慧，随着计算机的快速发展，人工智能迅速成为现实生产力。但是未来计算机或智能机器人只能作为人类的同盟，并不能取代人本身的地位和作用。

影响和评价

阿西莫夫一生坚持科学大众化的思想，他的作品几乎涵盖了自然科学的各个领域。最主要作品当推《最新科学指南》。这部书的内容跨越从微观到宏观，从生命科学到物质科学多个学科领域。这本书从“科学是什么”谈起，按照科学自身的逻辑结构，依次阐述了宇宙、太阳系、地球、大气、元素、粒子、波、反应堆、分子、蛋白质、细胞、微生物、直至人体、物种、大脑、人工智能等科学发展。

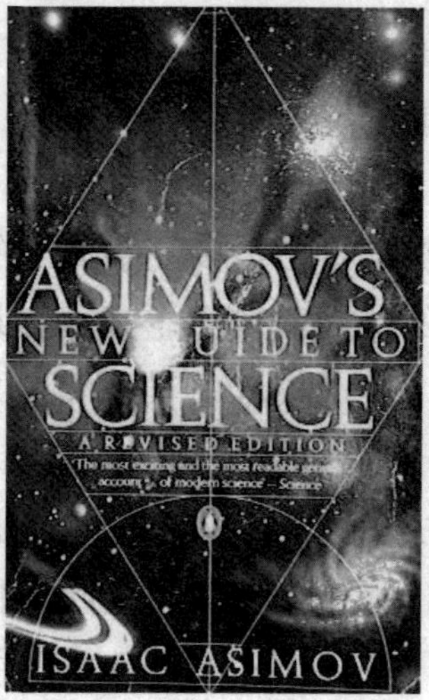

《最新科学指南》英文版封面

《最新科学指南》是一部丰富、简约的科学导游图，在他的笔下，物理科学和生物科学相互交叉渗透成为一个整体。在论述这些科学的同时，还融入了作者自己的很多精妙的见解。阿西莫夫在谈到自己的这部书时说，“处在现代社会的人，如果一点也不知道科学发展的情形，一定会觉得不安，感到没有能力判断问题的性质和提出解决的途径。而且，对于宏伟的科学有了初步的了解，可以使人们获得巨大的美的满足，使年轻人受到鼓舞，实现求知的欲望，并对人类智慧的潜力以及所取得的成就有更深一层的理解。”

《最新科学指南》这本书出版后，得到读者和评论界的一致好评。并获得了国家图书奖的提名。成为阿西莫夫最成功也最有影响力的科普著作。中文版则在1976年发行，共重印三次，每次印数都在30万册以上。世界各地很多读者都成了阿西莫夫迷。

《基本粒子及其相互作用》

中文版封面

☞ 作者：[美] 杨振宁

☞ 译者：杨振玉，范世藩

☞ 推荐版本：湖南教育出版社 1999 年版

作者简介

杨振宁，华裔物理学家、美国科学院院士，主要从事统计力学、量子场学、基本粒子物理方面的研究，提出了“杨——米尔斯规范场理论”和“宇称不守恒理论”两个著名理论，被誉为可与牛顿、爱因斯坦起名的世界物理学大师。

杨振宁

1922 年出生于安徽，早年在西南联大物理系学习物理学，师从吴大猷、王竹溪、吴有训、周培源等大师。后赴美在芝加哥大学攻读博士，师从费曼和泰勒。1949 ~ 1965 年工作于普林斯顿高等数学研究所，1966 年被聘为纽约州立大学石溪分校教授和理论物理研究所所长。1957 年获得诺贝尔物理学奖，1995 年获得美国富兰克林学会的鲍尔科学成就奖。

1971 年美国和中国的外交关系开始解冻，杨振宁作为第一位学术界人士访华。近年，致力于中国的科学教育事业，现被聘为清华大学客座教授。

成书背景

《基本粒子及其相互作用》这本书收录了杨振宁的几次讲演，介绍目前微观物理世界中的两个重要问题：基本粒子及其相互作用。著者在《基本粒子发现简史》中，曾按照历史发展顺序叙述了 20 世纪 60 年代以来在基本粒子物理学领域内的重要发现，并着重介绍了宇称守恒问题。

微观物理学一向是门艰深枯燥的学问，没有一定专业知识积累的人，很难真正领会其中的科学原理，并很难理解其中的奥秘和趣味。杨振宁在演讲中，极力用通俗的语言向听众阐释高深的物理学理论，采用了由浅入深的公式，通过引用一些浅显明了、引人入胜的背景知识，按照基本粒子及其相互作用的序，一步一步地讲述有关知识。

1962 年，这些演讲稿被整理成书，英文版由美国普林斯顿大学出版社出版，后被翻译为俄文、德文、意大利文等语言在世界发行。中文版在 1999 年由湖南教育出版社引入出版，共 19 万字。

内容精要

微观物理学，研究的是物质的最小基本构造，有两个主要方面：一方面是研究物质的最基本构造和基本粒子；另一方面研究基本粒子之间的相互作用。基本粒子及其相互作用是微观物理学中主要的两个问题。

规范物理学十分深奥，杨振宁对它的通俗解释是“我们研究化学、物理的人，是研究物质的构造。我们现在知道物质是由分子、原子构成的，原子又有更小的结构，是由质子、中子跟电子构成的，而原子、中子现在又知道是夸克构成的，我们的学问也就叫基本粒子。可是，但知道这些粒子是夸克以后，还并不能够解决所有的问题，还需要知道它们之间的力量是什么，也可以说是既要知道它基本的结构是什么东西，是什么粒子，还要知道粒子之间的力量。最近20多年来，发现所有这些基本的力量都是用一种理论可以表示的，这理论就叫‘规范场’。”

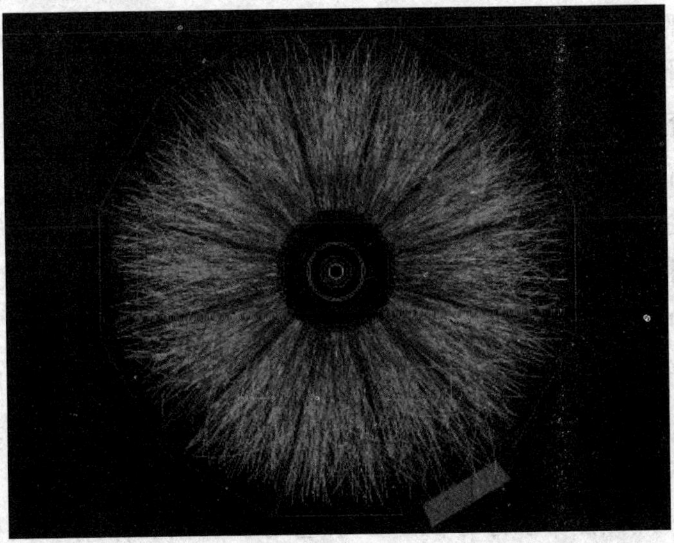

基本粒子

所有物理现象中的基本力量有四种：强相互作用、电磁相互作用、弱相互作用和引力相互作用。这些种力量的基本结构都是规范场。电磁相互作用就是电力和磁力；强相互作用是原子核相互吸引的力；弱相互作用表现于放射性元素；引力相互作用则是物理学领域里最早发现的相互作用。强作用力，是在原子发现之后才被了解和研究的，依然没有弱相互作用了解的完满。弱相互作用首先在核的衰变中发现，弱相互作用与衰变具有大致相同的强度。规范场直接受爱因斯坦引力场理论的影响，由此可推知电磁相互作用是一个规范场。

我们平时可观察到的事物大都符合对称定律，包括空间的各向同性和均匀性。对称定律一定与守恒定律有关。例如，空间位移下物理定律不变性的结果是动量守恒，空间旋转下不变性的结果是角动量守恒。随着狭义相对论和广义相对论的出现，对称定律与动力学定律之间产生了更完整、更相依相辅的关系。在经典力学里，对称定律仅是动力学定律的推论，动力学定律仅偶尔剧本对称性。

量子力学出现之后，学者们才开始重视对称的概念。描述物理系统的状态的量子数常常表示系统对称性的量。对称原理之一，即左右对称。左右对称定律常被在经典物理中应用，但因它是一种分立对称性，并不一定导致守恒定律，而当量子力学引入后，左右对称定律也导致一种守恒，即宇称守恒定律。

1924 年，拉波蒂认为，在发射一个光的原子跃迁过程中，初态的宇称等于终态的总宇称。这一思想被广泛运用在新的物理学领域，比如核反应、衰变、介子相互作用和奇异粒子物理等。原子宇称和核宇称成为常用观念。在这种背景下，出现了 $\theta-\pi$ 之谜。为了推翻“宇称守恒定律不适用于弱相互作用”的概念，杨振宁通过详细考察，得出：过去做过的弱相互作用的实验实际上与宇称守恒定律并无关系；在较强相互作用方面，确实有许多实验以高度准确性确立了宇称守恒定律，但准确度不足以揭示在做相互作用方面宇称守恒定律。

影响和评价

《基本粒子及其相互作用》这本书将杨振宁终生的研究成果——基本粒子及其相互作用问题呈现给读者，用通俗平易的语言，探讨现代物理学的前沿问题。作为世界级科普名著，这本书具有非常珍贵的阅读性，同时也是华人在物理学发展历程中具有里程碑意义的著作之一。

“1954 年，他与米尔斯发表的规范场理论，是一个划时代的创作，不但成为今天粒子理论的基石，并且在相对论及纯数学上也有重大的意义……”

——丁肇中　诺贝尔奖获得者，著名实验物理大师

《拙匠随笔》

☞ 作者：梁思成

☞ 推荐版本：百花文艺出版社 2005 年版

中文版封面

作者简介

梁思成，中国近现代著名建筑学家和建筑教育家，是中国古代建筑学科的开拓者和奠基者，新中国首都城市规划工作的推动者，曾参加人民英雄纪念碑等设计。1901 年 4 月 20 日生于日本东京，1923 年毕业于清华学校。1924 ~ 1927 年在美国宾夕法尼亚大学建筑系学习，1927 年 2 月获学士学位，当年 6 月获硕士学位。1927 年 7 月 ~ 1928 年 2 月在美国哈佛大学研究院研究世界建筑史。1928 年归国创办东北大学建筑系，后参加中国营造学社研究中国建筑史。1946 年创办清华大学建筑系。梁思成主要作品有吉林大学礼堂和教学楼、

梁思成

仁立公司门面、北京大学女生宿舍、人民英雄纪念碑、鉴真和尚纪念堂等。

成书背景

梁思成热爱中国传统文化，毕生从事中国古代建筑的研究和建筑教育事业，努力探索中国建筑的创作道路，还提出文物建筑保护的理论和方法，在建筑学方面贡献突出。

作为中国古代建筑的开拓者和奠基者，梁思成系统地调查、整理、研究了中国古代建筑的历史和理论。1962 年，梁思成在《人民日报》上陆续发表了 5 篇文章，总题为“拙匠随笔”，他从各个角度对建筑这门学科进行介绍，希望普及一些常识，让更多的人理解建筑之美，懂得保护古代建筑。后出《拙匠随笔》一书，收录了梁思成在 20 世纪五六十年代撰写的脍炙人口的 8 篇建筑科普小品，还收录了 1950 年写的具有重要历史价值的《关于北京城墙存废问题的讨论》一文以及梁思成的若干手绘图。

内容精要

2000 多年前，罗马的建筑理论家维特鲁维斯曾经提出，建筑的三要素是适用、坚固、美观。

满足这三个要求的建筑物就堪称完美。所谓适用，是人类进行建筑活动的首要条件。如果建筑本身不能满足人类特定的需要，那么建筑也就失去了最原始的意义。在建筑设计中，除了满足人类饮食起居的需求外，还要具备一定的社会性。比如，一位学者需要房屋中有一间可以摆放很多书籍的书斋，而建筑工人的房子就没有这个社会性要求。所以，一个优秀的建筑设计师，还必须是一位社会科学家。他在设计建筑时，需要综合考虑各种各样的配套设施，但这一系列的问题都需要设计人员先去做充足的社会调查工作。

维特鲁维斯

建筑家还必须是一位美学家。人类对事物都有天然的审美意识。人进入一个屋子，他的第一印象就是美或丑。解决建筑的美观问题，也是艺术创造的过程。

那么，一个建筑师如何将设计图变为实实在在的建筑物呢？他们如何进行设计？首先，建筑师的职责就是按照建筑任务的具体要求，设计最合理、最经济，符合任务要求的坚固、美观的建筑。他们先将设计方案在草图上绘制出来，拟定房间面积、体积的安排。房间的安排必须反映并适应组织系统或生产程序和生活需要，同时全面综合考虑建筑的总体轮廓，然后用立体图或透视图或模型，来改进自己的设计方案。

中国的建筑体系已经历了数千年的历史，早在公元前 15 世纪，就已经基本形成。发展至今，勤劳的中国人民已经将这个体系发展到很高的水平。

中国的单座建筑，一般由 3 个部分组成：台子的基座、木构屋身、屋顶。一“所”房子，则除了单座建筑之外，还和一系列建筑物相联系，比如回廊、过厅、抱厦、厢、耳等。中国的建筑以木质结构为主。在建筑的房梁、立柱、屋顶或者门窗上，都会雕刻或绘制很多丰富多彩的图案来点缀。中国传统的木质大建筑中，最典型的是北京的故宫。故宫是明代建筑，紫禁城坐落在北京城的中轴线上，两旁各有一条辅轴：太庙和社稷坛。这两个建筑至今保存完好，依然坚固如初。

故宫

建筑物讲究的是个“形体”。所谓形体，就是建筑物的美观问题。从艺术手法上来讲，建筑和其他艺术一样，他们都通过立体和平面构图，运用线、面、体以及比例、色彩、对称、节奏、韵律等来表达它的艺术效果。当然，建筑也不同于其他艺术。其他的艺术形式可以是设计者天马行空的想象，但建筑则必须先满足适用经济性的要求。从这一点来看，建筑和艺术还有很大的差别。

影响和评价

梁思成是我国建筑史上的一代宗师。他认为可以将中国的传统建筑形式，用类似语言翻译的方法转化到西方建筑的结构体系上，形成带有中国特色的新建筑。

他多年实地测绘调研中国古代建筑，对宋《营造法式》和清

《工部工程做法》进行了深入研究，为中国建筑史学奠定了基础。梁思成的建筑创作理念一直提倡古为今用、洋为中用，强调建筑设计一定要秉承中国传统形式。梁思成的这些理论观点，直到今天依然对中国建筑界有很大影响。梁思成遗留下来的 60 多篇著作，都成为建筑学研究珍贵的资料文献。

梁思成所做滕王阁草图

《拙匠随笔》是一篇建筑“随笔”，但是其中的内容却涵盖了建筑科学基本内涵和实践过程的方方面面。这本书出版之后，受到建筑学界、普通读者的热心支持和欢迎。

《物候学》

☞ 作者：竺可桢，宛敏渭

☞ 推荐版本：湖南教育出版社 1999 年版

中文版封面

作者简介

竺可桢（1890～1974），又名绍荣，字藕舫。我国著名的科学家和爱国教育家，当代闻名的科学家、地理学家和气象学家，中国近代地理学和气象学的奠基人。1913 年毕业于伊利斯诺大学农学院，后在哈佛大学研究院地理系专攻气象，1918 年以题为《远东台风的新分类》的论文获得博士学位。

竺可桢

建国前他先后执教于南京高等师范大学，武昌高等师范学校、东南大学和中央大学。1928 年任中央研究院气象研究所所长。1934 年，竺可桢与翁文灏、张其昀共同成立中国地理学会。1936～1949 年，任浙江大学校长。新中国诞生后，他担任中国科学院第一任副院长，同时担任中国科学技术协会副主席，中国气象学会理事长、名誉理事长，中国地理学会理事长等职。

竺可桢一生积极倡导并身体力行地从事科学普及工作，他提出：科学研究的提高与普及是互为因果、相辅相成的。越是高级研究人员，越应带头向群众进行科普宣传；一个科学家从事科普工作的成绩，应该计入他对科学事业的贡献内。自 1916～1974 年的半个多世纪中，他坚持带头进行科普工作，撰写科普讲稿、书籍约 160 余篇，内容除地学、气象学、物候学外，还涉及天文学、生物学、科学技术史等许多学科，读者对象从科学技术人员到少年儿童多个层面。

成书背景

竺可桢作为中国现代物候学的开创者和推动者，对中国气候的形成、特点、区划及变迁等，对地理学和自然科学史都有深刻的研究。在他的倡导下，两次组织全国性物候观测网。《物候学》及《中国五千年来气候变迁的初步研究》为其在物候学方面的代表作。《物候学》的出版，推动了物候学的研究和物候知识的普及。

竺可桢在查阅文献

《物候学》于 1963 年初版，1973 年修订。是竺可桢多年研究物候的结晶。1975 年修订版第二次印刷时已累计印刷了 15 万册。在《物候学》这本薄薄的小册子中，作者结合我国的国情，系统介绍了物候学的基本原理、我国古代的物候知识和世界各地物候学的发展状况，物候学的基本定律等，并阐释物候变化的内外部因素及其联系，附有大量图表、物种名单和观测数据。不仅是一本科普读物，也是一本严肃的学术著作。

内容精要

“物候学主要是研究自然界的植物（包括农作物）、动物和环境条件（气候、水文、土壤条件）的周期变化之间相互联系的科学。”物候学的出现，与农业生产息息相关。在我国古代，人们经过长期的劳动实践，积累了很多的物候学知识。比如，早在《吕氏春秋》中，就编制了 12 个月的物候。在我国浩瀚的历史中，很多名著都记载了丰富的物候学知识。像贾思勰的《齐民要素》、徐光启的《农政全书》、李时珍的《本草纲目》等典籍。而宏观世界文明中，也蕴含了大量物候学知识。如在 2000 多年前，雅典人就已经创造了包括一年物候的农历，古罗马凯撒大帝时期，还专门颁布了物候历法。随着人类文明的进步，为了适应快速发展的生产，很多国家开始在物候学领域进行深入研究。例如美国根据物候学知识，驯服、引种世界各地的动植物，甚至从中国引入了柑橘、大豆等作物。

清明是表征物候的节气

经过人类的长期物候观察、记录和研究，发现了一系列物候学的规律，形成了物候学理论。物候南北间存在差异。地理上而言，秦岭是我国南北方分界的分水岭，气候上存在温带和亚热带的差异。植物生长也呈现出了很大的不同。竹子、茶叶、柑橘等就只能在秦岭以南种植，秦岭以北则很难正常生长。物候东西间也存在差异。影响我国东西部物候差异的主要原因有两个：地形的差异、大陆性气候和海洋性气候的差异。我国东部受海洋气候的影响较大，中西部则主要属大陆性气候。气候不同，相应的物候也不同。物候与海拔高低的区别。气温随着海拔的高低而发生变化，海拔越高，气温越低。高度相差越大，物候时间相差越长。

我国自古就有根据物候学来预测农时的历史。为了保持农业丰收，各朝政府和人民都致力于掌握准确的农时。我国至今仍流传着很多农谚。比如，北京地区有“白露早、寒露迟，只有寒露正当时”。在华南地区则是“秋分早、霜降迟、只有寒露正当时”。还有自然历预告农时的方法。物候现象是四季变化的最明显的标志。如植物的发芽、开花、叶黄、叶落，与四季的变化十分合拍。一年中推移生物物候的原动力主要为气候。如候鸟的南迁北移。经研究，昼夜的长短变化是引导候鸟迁移的外在因素。

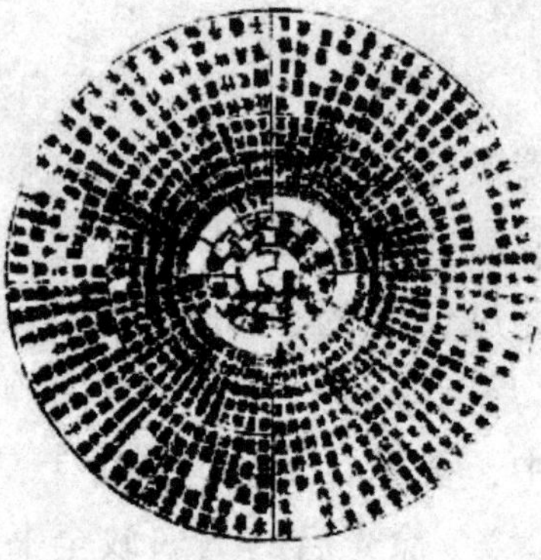
古农事投时图

物候学的发展与环境保护问题之间有着密切的联系。“环境污染不是一时一刻形成的，而是一个逐渐的过程。”用物候学的方法来观测环境，对环境保护问题具有非常重要的意义。比如，北京城原本有很多乌鸦，但是现在很少听到它们的叫声，原因在于环境的变化已经严重影响到乌鸦的生存繁衍，这也是环境污染的明显信号。农业逐渐步入机械化，“物候学需要做大量的工作，推动物候的观测和研究应该是刻不容缓的事了”。

影响和评价

竺可桢作为我国现代物候学发展的推动者，一生在气候学、气象学、地理学、自然科学史等方面造诣很高。物候学是他付诸心血最多的学科，甚至可以说，我国现代物候学的每一个成就都与他的贡献不可分割。他始终从科学的视角，关注着中国的人口、资源、环境问题，是“可持续发展”的先觉先行者。全书深入浅出，通俗易懂，既具有科学性，又具有实用性，受到生产实践者的欢迎。

可以说，《物候学》一书是中国科普创作的珍品，是一部结合科学观察和历史文献的科普著作。它的出版带领我国物候学进入一个新纪元。《物候学》曾荣获第二届全国优秀科普作品奖。

在气候学的历史上，竺可桢起了巨大的作用……经过半个世纪到今天，他发表的作品仍然走在世界学术界的前列。

——日本气象学家　吉野正敏

《黑猩猩在召唤》

中文版封面

☞ 作者：[英] 珍妮·古多尔
(Jane. van Lawick-Goodall)

☞ 译者：刘后一，张锋

☞ 推荐版本：科学出版社 1980 年版

作者简介

珍妮·古多尔，英国动物学家。1960 年以来，珍妮·古多尔曾长期在英国剑桥大学从事研究工作，并被聘请为美国斯坦福大学短期授课的副教授。她一直担任贡贝科研中心科研项目的负责人，开展黑猩猩以及其他灵长类行为的研究。她共出版《我的朋友——野生黑猩猩》(1967)，《贡贝河流域野生黑猩猩的行为》(1968)，《丛林中的孩子——格勒柏》，《无辜的屠杀犯》(与雨果合著) 等多部著作。她和她的丈夫雨果·拉维克 (Hugo van Lawick) 合作拍摄的关于非洲黑猩猩行为的影片，多年来在西方广泛地用作中学辅助教材，颇受欢迎。

成书背景

古多尔从孩提时代起就十分热爱大自然，并对动物有浓厚的兴趣。为科学献身的崇高理想，带领她在深入研究野生黑猩猩世界中，不畏艰险，一步一步地向着动物行为研究的高峰攀登。

经过十余年的考察，古多尔获得了对黑猩猩行为描述的第一手珍贵资料。在长期的研究中，古多尔细心追踪观察者黑猩猩行为的各个方面。在动物行为研究史上，这样的研究工作是前所未有的。古多尔真实记录了黑猩猩世界的每一个细节：她可以分辨出黑猩猩的容貌神情、可以了解每个黑猩猩在家庭和家族内的地位、可以准确说出黑猩猩的每一种姿势和表情……《黑猩猩在召唤》这本书传达了作者对自然世界的热爱，以及执著坚毅、勇敢顽强的科学态度。

这本书传入中国，起于 1980 年。起初部分章节刊登在《化石》杂志上（当时书名译为《人类的近亲》），读者纷纷表示希望能尽快看到全书。因此科学出版社参照英文原著，对 1974 年代俄译本进行转译。这样，中文版《黑猩猩在召唤》得以问世。

这本书采用了小说体裁，作者用行文流水般的语言，生动描绘了黑猩猩的世界——黑猩猩“社会”中的等级关系，它们之间的忠实友谊和剧烈争斗，它们如何传递信息，它们的生活习性等等。书中附有了大量的珍贵照片，使得读者在阅读的同时仿佛身临其境。

内容精要

当时，我是一位年轻的英国姑娘，中学毕业后凭着对动物世界的热爱，只身进入非洲丛林探寻黑猩猩的世界。经历10余年艰苦的考察研究，终于揭开了野生黑猩猩行为的奥秘。

多年长期、耐心的等待，这些生性怕人的野生黑猩猩终于开始接纳我。两年之后，这些猿猴朋友才允许我在近处呆着。很多学者认为，对动物应该用编号来区分，但是我始终觉得黑猩猩们不仅仅是我的研究对象，更是她朝夕相伴的朋友。我喜欢用熟人的名字来给这些黑猩猩们取名。这样，可以帮助我来记忆，并描绘每只黑猩猩的特征。黑猩猩老芙洛有两个孩子，一个是2岁的菲菲，一个是6岁左右的费冈，他们经常跟随母亲左右。

非洲丛林

老芙洛长着葱头鼻子，长长的下嘴唇和一对招风耳，非常好认。她的朋友奥尔莉也长着一张很有个性的长脸，她颈部的毛发细软，也带着两只幼年黑猩猩。威廉应该是奥尔莉的亲兄弟，他们的脸型非常相似，上嘴唇下垂，而且上嘴唇和头额部分急剧的曲折。

黑猩猩群体有着严格的等级制度。我常在营地里观察大卫、威廉和戈利亚之间的关系。在这些公猩猩中，戈利亚的地位显然要高一些。如果威廉和戈利亚同时采摘一只香蕉，威廉一定会让着戈利亚。戈利亚很霸道，有一次我在峰顶亲眼看到戈利亚抢占了一只母猩猩的巢。威廉的嘴角留着长长伤疤，处在最低的底层。其他公猩猩打算攻击他时，他总是低声叫着，恭敬的匍匐在地。大卫在黑猩猩群体中的地位不太好说。大卫总会使激动的公猩猩们安静下来，威廉或者别的年轻公猩猩都对他表示恭敬。大卫用手抚摸对方的头，为对方捋毛，极力安抚他们。

观察到黑猩猩“钓”白蚁的过程令人兴奋。有一天早晨，在距离我大约 60 米远的深草丛里，我发现白胡子大卫蹲在白蚁巢旁边，很细心地把一根长长的草棍伸进一个白蚁洞，然后提起草棍舔舐什么东西。连续观察的第八天，大卫和戈利亚再次来到这片白蚁丘。他们用大拇指和食指捅开洞眼，采摘三四根草棍放在巢边以备随时取用。有意思的是，他们捡起草棍的时候，还会把叶子捋掉，把弯曲

古多尔和助手在原始森林考察黑猩猩的活动

的一端用牙咬掉，或者干脆用另外一端。这个现象可以说明，野生动物并非只是简单地应用工具，而会修整为适用的形式。这可以当做制作工具的萌芽。这个观点显然和“人类是唯一会制造工具”的观点相悖。不过两种制造工具的过程的最大不同，人类在制造工具之前会预先计划，而黑猩猩却不会。

黑猩猩们的表情很丰富，比如紧闭嘴唇、嬉皮笑脸、龇牙咧嘴、哼哼发声等等，都传达了不同的信息。如果他们感觉到危险和威吓时，都会紧张地闭上嘴唇；玩耍时则会掀起上唇，露出上排牙齿，哼哼地笑。黑猩猩在极度愤怒下或者惊吓下，就会露出上下牙，或者只露出下排牙。

影响和评价

《黑猩猩在召唤》这本书详细记录了古多尔对黑猩猩的研究工作，在她长达11年的追踪观察过程中，详细记载了黑猩猩行为的各个方面。这样的研究工作在动物行为研究史上，是前所未有的。因为古多尔不仅深入到了研究对象之中，而且还对动物的每个个体的特征进行全面的精细考察，并且描述和记录得十分详尽。雨果·拉维克（Hugo van Lawick）的出色的摄影更使这些记录带有极强的真实感。在动物行为研究史上，这样的研究工作是前所未有的。不仅对于动物学、生态学、人类学和心理学工作者有重要参考价值，而且《黑猩猩在召唤》作为一本优秀的科普读物，也为普通读者提供了走入野生黑猩猩世界的珍贵资料。

读了这本写得及其出色的书，使我们将从新的角度来看待人类：看到人类与其他动物之间的紧密联系，了解并估价人类与其他动物在行为机制方面的共同遗产；与此同时，充分掌握那些使人称其为人的决定性的区别。这本书，比起现时所有的其他书来，更能促使我们回顾人类在达到今日水平前所走过的那漫长而艰难的道路，帮助我们以应有的谦虚，然而又从我们现时所理解的高度出发，去估价我们人类在动物世界中所占据的位置

——大卫·戈姆堡，斯坦福大学医学系教授

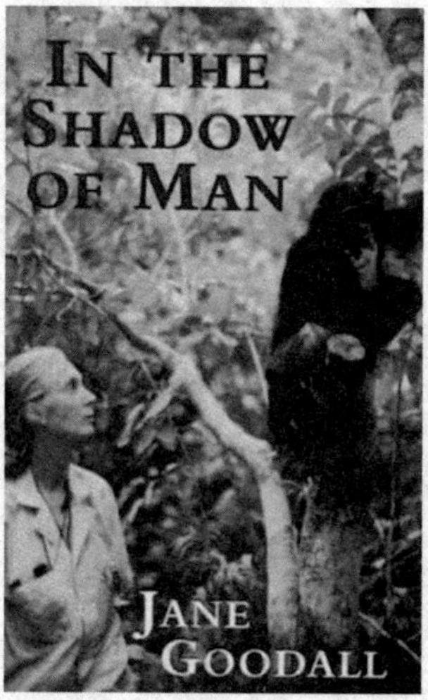

《黑猩猩在召唤》英文版封面

《飞向月球》

☞ 作者：[德] 耶思柯·普特卡梅
(Jesco von Putt Kamer)

☞ 译者：张锡声

☞ 推荐版本：科学出版社 1970 年版

作者简介

耶思柯·普特卡梅

耶思柯·普特卡梅出生于德国莱比锡。由于他在液体火箭“台风”的研究活动中取得了火箭技术的实际经验，在德国宇宙航行研究院担任工程师，从事推进装置、超音速飞行器以及其他航空和宇宙航行技术的研究工作。

1962 年后耶思柯·普特卡梅在美国国家航空和宇宙航行局最早参见了土星 - 5 号的功率计算的设计工作，然后参与了阿波罗土星的设计。在发射“阿波罗 - 11 号”任务中，他负责技术计划和同阿波罗计划联系的“系统工程”。

成书背景

随着科学技术的发展，人类不仅解决了到达宇宙速度的推进工具、遥控、返回地球等等一系列复杂的技术问题，还解决了涉及物理学、生物学、医学、天文学、空间科学等学科的一系列科学问题。1969 年 7 月，美国用土星火箭成功地把“阿波罗 –11 号”载人宇宙飞船送上了月球，从此开创了人类登上另一个星球的历史。

《飞向月球》这本书，于 1970 年出版，以小说形式写成，详细地介绍了阿波罗 –11 号载人宇宙飞船登月的整个过程，从准备飞行到胜利返回地球为止，按时间顺序进行描述。这本书原名为《阿波罗 –11 号登月飞行》，后因 80 年代重印，将书名改为《飞向月球》。

内容精要

在第一个飞入宇宙的尤利·加加林成功飞行六周后，美国总统肯尼迪在美国国会全会上向国民们宣布将在 60 年代后期，秘密地使人登上月球并安全返回这一任务。在这个任务中，大约 4 万名工程师、科学工作者、管理人员、技术人员、工人和安装人员，美国 49 个州和美国国家航空和宇宙航行局（简称 NASA）的 2 万多企业和厂商进行了艰苦的工作。

“阿波罗 –11 号”宇宙飞船的最后安装，机能和飞行准备检查，是在美国国家航空和宇宙航行局的肯尼迪宇宙飞行中心区进行的。

阿波罗宇宙飞船的制造材料和登月舱同时在 1 月下旬由运输机运到肯尼迪角。用 250 吨桥式吊车进行的组装很顺利，到上午

10时45分“阿波罗－11号”已与巨大运载火箭联在一起悬挂在高空中。移动式发射平台上的土星5号矗立在佛罗里达蓝色的天空中。当宇宙飞行人员在模拟飞行装置中进行学习和各种训练时，几乎没有喘息的时间，一直到飞行的准备工作接近顺利结束。最重要的训练装置之一，是用来模拟阿波罗飞行的，其用途是训练宇宙飞行员如何操作着陆系统以及掌握飞行途中必要的各种操作。此外，星际航行员借助于一台射线涡轮机在登月训练装置上做逼真的模拟试验。肯尼亚宇宙中心的大权掌握在库尔特·德布斯博士手里，他是这个领域内最谨慎的老手，已有三十多年的研究经验……

“阿波罗－11号”宇宙飞船发射升空

巨大的土星5号的发射并不是突然开始的，而是由上升火箭牵引的特殊造型和涂有黄油可控制的扩张栓逐渐进行的。飞船飞行时间，就是从肯尼迪角发射以来所经过的时间，2小时44分。当发射完成时，“阿波罗－11号”围绕着地球转了1圈半。3个月球宇航员坚强而有力地驾驶着他们的飞船……

1969年7月20日格林尼治时间上午9点左右，阿姆斯特朗和奥尔德林进入登月舱。晚上7点43分，准备开始进行人类第一次走出登月舱到月球去探险的活动。晚上11时左右，阿姆斯特朗向世界宣布：“对一个人来说，这是一小步，对人类来说，这是一大步。”他们展开星条旗，用掘斗挖了沙粒样品，还在月面上安装了一台月震仪和一台激光发射器。在宇宙飞船指挥舱内的柯林斯最重要的任务之一就是对月球表面标点的测量和计算，并和相应地校正他的宇宙飞船的飞行位置。

阿姆斯特朗登上月球

飞离月球的准备工作在7月21日中午11点32分开始，即飞船飞行了122个小时之后。两名宇航员在月球上的停留时间为21小时37分。由于柯林斯细致缜密的准备工作，登月舱与指挥舱十分准确地实现了对接。“阿波罗－11号”和它的全体飞行员在经历人类第一次登上另一世界后，在经历了8天3小时17分22秒的不可想象的旅行之后，健康地回到由于他们而更加富有意义的地球上。

人类第一次登上月球，已载入史册。“阿波罗－11号”的全体工作人员将成为人类的英雄，永远活在我们心中。未来将会有更多的人继续登上月球。

影响和评价

作者普特卡梅从20世纪60年代初期就开始参与美国的航大计划，他是阿波罗登月计划的主要设计计划的负责人。他亲眼见证了阿波罗－11号的整个登月过程，并在《飞向月球》中用小说的形式，展现了登月计划的详细过程和细节，真实记载了人类成功登陆月球的伟大奇迹。人类成功登月后，科学家们带回了很多珍贵的观测结果，这些成就为物理学、天文学、医

“阿波罗－11号”的机组人员

学、生物学、空间科学等等学科的研究空间提供了更为广阔的前景。具有重要的科学实验和理论研究意义。

《飞向月球》从准备飞行到顺利返航，按照时间顺序对整个登月计划做了生动形象的描述。这本书是一部类似历史小说的特别科普读物，内容十分丰富。作者普特卡梅在书中附加了大量清晰的彩色图片，用生动易懂的语言，向读者展示人类登月的伟大过程。

《宇宙最初三分钟》

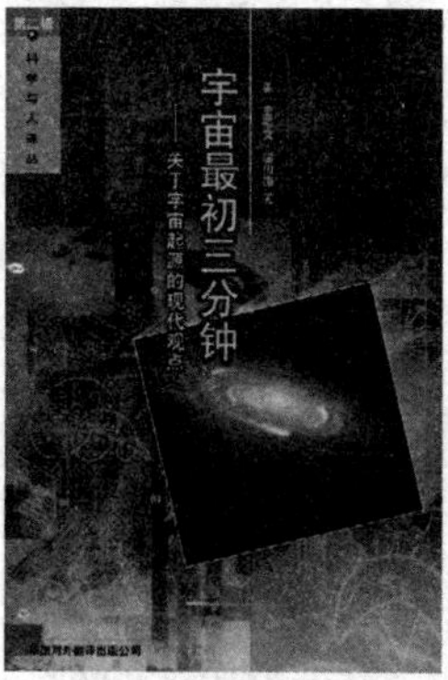

中文版封面

☞ 作者：[美] 史蒂文·温伯格
(Steven Weinberg)

☞ 译者：张承泉

☞ 推荐版本：中国对外翻译出版公司
2000 年版

作者简介

史蒂文·温伯格，美国物理学家，得克萨斯大学物理学和天文学教授。1979 年获得诺贝尔物理学奖。

史蒂文·温伯格

1933 年 5 月 3 日生于纽约市，1954 年毕业于康内尔大学，后赴丹麦哥本哈根大学理论物理研究所当研究生，1957 年获普林斯顿大学哲学博士学位。美国科学院院士，获 1991 年美国国家科学奖章。主要研究领域是基本粒子和量子场论，主要贡献是在 1967 年引入对称性自发破缺机制（希格斯机制），解释了光子和中间玻色子的质量差异，在规范场论的基础上建立了电弱统一理论。该理论所预言的中性弱流，于1973年首次在欧洲核子中心由实验证实。因此荣获1979年诺贝尔物理学奖。温伯格还对宇宙学怀有浓厚的兴趣，其得奖科普著作《最初三分钟》已成为全世界宇宙学爱好者喜爱的读物。

成书背景

《宇宙最初三分钟》这本书以作者在哈佛大学的讲演稿为基础改写而成。1973年11月，温伯格在哈佛大学本科生科学中心落成典礼上发表了一次讲话。通俗读物出版社的总裁兼出版人欧文·格莱斯克从作者的朋友丹尼尔·贝尔听说了这次讲话，希望将这段讲话写成一本书。

起初温伯格对这个建议并不是非常感兴趣。他的研究领域主要在基本粒子理论，即研究极小物质的物理学，虽然在宇宙学方面有所涉及，但并不是温伯格并没有想把写作科普读物当成当时的重点工作。温伯格本人热衷与非专业文章的撰写，这个提议也让他踌躇不已。写一本关于早期宇宙书籍的想法，仍然使他很兴奋。如果将宇宙学理论与基本粒子理论问题汇合在一起，研究最初百分之一秒的早期宇宙，也是件非常奇妙而且有趣的事。几经思考，温伯格决定抓住这次写作早期宇宙的大好时机。于是就有了今天被读者广泛关注的《宇宙最初三分钟》这本书的诞生。

内容精要

本书是一本探讨早期宇宙的著作。宇宙在最初一秒、最初一分钟或最初一年的样子、早期宇宙的温度、密度和化学成分等等，都是这本书讨论的初衷。这本书并没有全面讨论宇宙学，虽然包含了“古典”部分，这部分主要涉及当前宇宙的大尺度结构：关于漩涡形星云的河外性质的辩论；遥远星系的红移发现及其与距离的相依性；爱因斯坦、德西特、勒梅特和佛里德曼的广义相对论宇宙学模型等等。而《宇宙最初三分钟》是根据1956年宇宙微波辐射背景的发现，对早期宇宙提出新的认识。

想象中的宇宙大爆炸

宇宙产生的起初，发生了一次爆炸，每个物质粒子都与其他粒子迅速分离开来，充满整个宇宙。在大约百分之一秒的时间，宇宙的温度达到大约1000亿摄氏度，使得分子、原子、甚至是原子核都无法聚集在一起。这时的宇宙大量存在的一类粒子是电子，即以电流形式流过电线并形成当前宇宙中所有原子和分子的外壳的带负电的粒子。早期宇宙中存在的另一类粒子是正电子，即体积与电子完全相同的带正电的粒子。正电子的数量和电子的数量不相上下。除了电子和正电子之外，还存在数量差不多的各类中微子。即没有任何质量或电荷的幽灵似的粒子。宇宙中充满光线……

这些粒子——电子、正电子、中微子、光子——不断地从纯能量中创造出来，短暂存在后即再次湮灭。因此它们的数量不是早就注定的。而是由创造与湮灭过程中的平衡决定的……为了设计标准的宇宙模型，这个数值——每有一个核粒子，就有10亿个光子——是必须从观测中获得的关键数值。宇宙辐射背景的发现就是对这一数值的说明。

随着爆炸的继续，温度开始下降，大约1/10秒后下降到300

原著中的插图

亿摄氏度；大约 1 秒后下降到 100 亿摄氏度；大约 14 秒后下降到 30 亿摄氏度。这一温度已低到足以使电子和正电子开始以快于它们从光子和中微子中再次创造出来的速度归于湮灭……

在最初 3 分钟结束时，宇宙的成分大多表现为光、中微子和反中微子。恒星形成时的成分完全是在最初 3 分钟的时间里所形成的那些成分……以上的这一标准模型如何取得，是从经验中得到的数据的结果。得出这个标准模型的两个重要线索，即对遥远星系后退的发现和对充满宇宙的微弱无线电经典的发展，它们都是从天文观测中发现的。

通过标准模型环境去检测物理学或天文物理学的理论思想的做法，现已得到人们的推崇。标准模型提供一种不可或缺的共同语言。宇宙可能会永远膨胀下去，变得越来越冷，越来越空旷，越来越缺乏生计。它也可能再次收缩，将星系、恒星、原子和原子核分解，使之重新变成它们的成分。

影响和评价

自然界为人类留下了许多不解之谜，而宇宙的起源则是其中最大的迷。宇宙到底是如何形成的？不同的人、不同的时代有不同的答案。温伯格为这个亘古以来一直萦绕在人们心头的疑问找到了科学的答案。他的答案代表了近几十年来科学界的最新成果和主要代表性理论。论证严谨，但又不失通俗易懂的特点，堪称佳作。在《宇宙最初三分钟》一书中，温伯格用生动的笔触、严谨的逻辑，系统介绍了宇宙微波背景辐射发现以来所得到的有关宇宙早期的新知识，特别对于最初三分钟的情况做了深刻的阐述。

《宇宙最初三分钟》这本书于1981年在中国出版，一经出版，立即获得了广大读者的好评。著名物理学奖获得者李政道教授指出："我以极大的兴趣阅读了温伯格教授的《最初三分钟》，作者以严格的科学准确性，生动而清楚地介绍了我们宇宙的这一短暂而重要的时刻，这的确是值得称道的成就"。由于对读者的巨大影响和贡献，这本书获得了1978年美国卡林格科普读物金奖。

《宇宙最初三分钟》英文版封面

"我曾接触过不少描述宇宙早期历史的读物。一直到读了这本书以后，我才认识到，专门的观察和详细计算的结果，能使这个问题如此明白易懂。"

——美国著名科普作家　阿西莫夫

《细胞生命的礼赞》

☞ 作者：[美] 托马斯·刘易斯
(Lewis Thomas)

☞ 译者：李绍明

☞ 推荐版本：湖南科技出版社 1992 年版

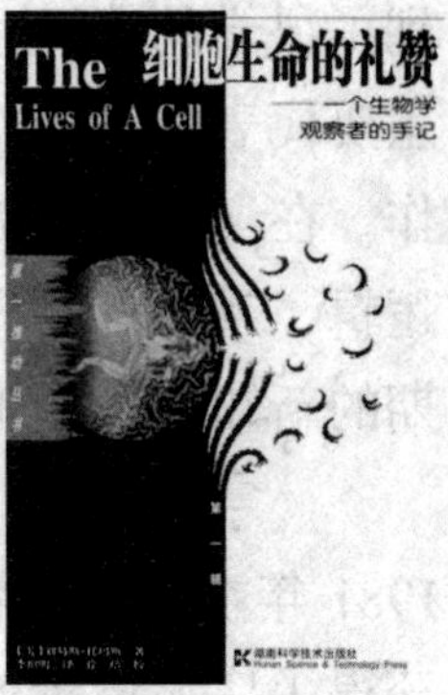

中文版封面

作者简介

托马斯·刘易斯，美国医学家、生物学家、诗人、散文学家。1913 年出生与美国纽约城边一个小镇的医生家庭，曾在普林斯顿大学和哈佛医学院就读，毕业后曾作为作为实习医生、住院医生等职业为生。他参加过第二次世界大战，战后历任明尼苏达大学儿科研究所教授，纽约大学——贝尔维尤医疗中心病理学系和内科系主任，耶鲁医学院病理学系主任。在耶鲁大学人医学院院长数年后，接任了纽约

托马斯·刘易斯

市癌症纪念中心——斯隆·凯特林癌症研究中心（研究院）院长，并荣任美国科学院院士。

成书背景

1970年，托马斯任耶鲁大学医学院院长时，在一次关于炎症现象的讨论会中，受主办方之托做个开场白，为整个会议确定基调。托马斯为了不让会议变得压抑沉重，随性轻松地就论题谈了自己的一些观点。讲话稿基本就是本书第一章的内容。结束后，主办方将他的讲话录音整理，分发给了与会人员，并给了《新英格兰医学杂志（New England Joural of Medicine）》一份。巧的是这份杂志的主编正好是托马斯的校友。看过托马斯的讲稿后，对他的演讲风格非常感兴趣，于是邀请托马斯为他们的月刊写作类似风格的短文。要求是不限题目、一文不给、一字不改。托马斯一直爱好写诗写散文，后因专注与研究，将那些爱好束之高阁。得到这个机会，他欣然答应，一连写了六篇，没想到这一写得到了很多读者和评论家的喜爱，于是他一发不可收拾，坚持了四年。后来应 The Viking Press 的邀约，托马斯将这些专栏文章集结在一起，命名为《细胞生命的礼赞》，于1974年问世。

内容精要

人，这种生物圈的后来者，相信自己是宇宙万物的主宰和灵长，相信自己能控制一切，能控制疾病、干预死亡、能预言未来。对于这种人类自大或人类沙文主义，托马斯表达了自己的观点。疾病是生命存在的正常形式；有些大病是偶然、不可知的外力造成的；人是自然界的个体，反自然是不可能的。人只是社会、城市这些巨大生物细胞中的组成部分。

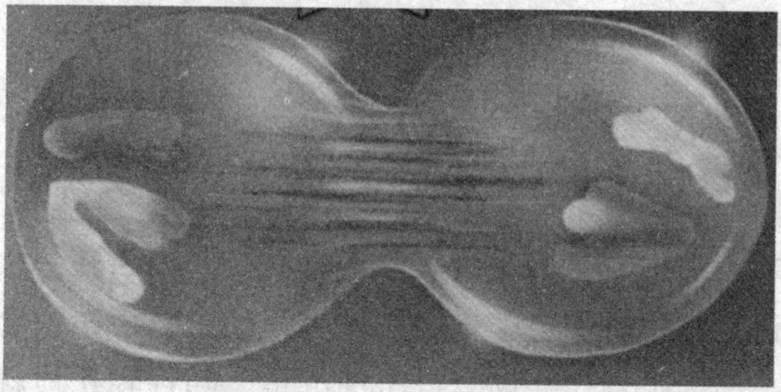

原著中的插图

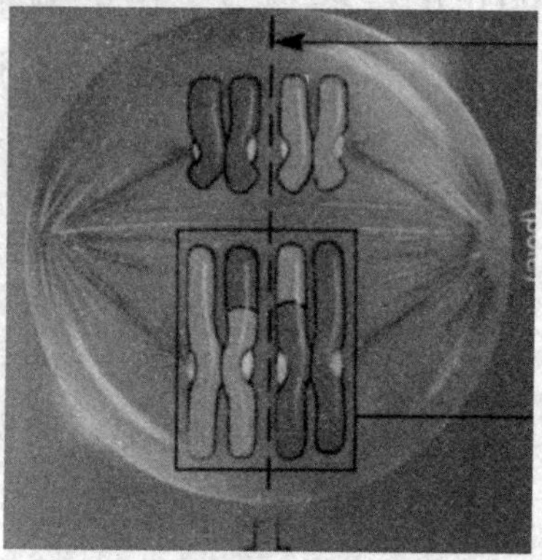

原著中的插图

人类沙文主义在自负的同时，又存在恐外的倾向。《可用作倒数计时的一些想法》嘲讽了这些恐外的想法。而《曼哈顿的安泰》以蚁群实验，揭示了这样一个道理：生命需要依傍大地而生存，脱离环境只能导致最后的灭亡。《自然的人》中，则集中论述了人的自然观、人与自然的关系。

托马斯在《细胞生命的礼赞》一书中，发出了很多振聋发聩的呼吁，作为“观察员”，他以超人的学识和洞察力，批判地超越了 19 世纪以来一直统治生物学界、并给了整个思想界和人类社会以深刻影响的达尔文的进化论。当然，《细胞生命的礼赞》并不都是这样的锋芒毕露，托马斯以无限的热情来歌颂生物。整本书是一首赞歌，歌颂生命、歌颂万物。在他的眼里，花鸟鱼虫都是宝贵的生命，这些生命构成了自然。人类也是地球上的生命，构成了社会、城市这样的有机体，人与自然和谐共处才是人能做到的最好的事情。

《细胞生命的礼赞》这本书里的大多数短文，都是他自己的直接研究成果。他一生中涉猎很多的研究领域，写下了200多篇学术论文，同时对整个生物学解都做了广泛的关注。他把握了所有生命形式共同的存在特点。《作为生物的社会》和《社会谈》研究了群居性昆虫的有趣特点，并提出了自己的独特见解。他以“另类”生物学家的姿态，强调人和群居性动物的共同性，坚决反对把人跟群居动物截然分开的观点。《对于外激素的恐惧》、《这个世界的音乐》、《说味》、《鲸鱼座》、《信息》、《计算机》、《语汇种种》、《活的语言》等文章，则强调了生物间信息交流的重要性。在《细胞生命的礼赞》整本书里，作者为我们展示一个由声音、气味、外激素、计算机、人类语言等组成的兴趣盎然，生机勃勃的信息世界，以及为我们提供生物交流技术方面的有趣知识。

影响和评价

《细胞生命的礼赞》是一本关于生命、人生、社会乃至宇宙的思考集萃。托马斯作为当代知名的医学家、生物学家，用他开阔的视野、博大的思想、新奇的观点评判人类文明、激发思索。他用隽永、幽默、深刻的语言将自然界的知识，汇集成篇篇优美的散文，倾倒了无数读者。

该书一经出版，便得到了美国读书界和评论界的巨大反响，并荣获了1974年的美国国家图书奖。至今已出版印制20多个版本，仍然畅销不衰。托马斯·刘易斯也因为这本书变得家喻户晓，有口皆碑。以至于在他接连抛出后两本书时，书上都不用在做广告，只喊一声“《细胞生命的礼赞》一书作者托马斯·刘易斯”就够了。在书中，托马斯指出进化论过分强调种的独特性、生存竞争等的弊端，认为物种之间应为相濡以沫的共生关系，认为不论何种生物，包括人类本身，都是由复杂不同的较低级生物共同组成的生态系统，以生态系统的整体观点为读者提供理解物种多样性的新途径。

对于书中的这些文章，读者可以看成诗歌或散文来阅读。其中包含的隽永的哲思、奔放的构思、精巧的语言都值得我们品味。整本书对生命的讴歌、强调和谐生命的主题，都是该书受到欢迎的主要原因，从这本书中，读者可以获得积极的启迪和力量。

《自私的基因》

☞ 作者：[英] 理查德·道金斯
(Richard Dawkins)

☞ 译者：卢允中，张岱云，王兵

☞ 推荐版本：吉林人民社出版 1989 年版

中文版封面

作者简介

理查德·道金斯，英国著名科学家、行为生态学家、牛津大学的动物行为学教授，同时是闻名世界的科学普及作家。道金斯 1941 年出生于肯尼亚的一个农学家的庭院，幼儿时期接受了良好的启蒙教育，长大后回祖国就读于著名的牛津大学，师从于动物大师、诺贝尔奖获得者廷伯根，获得动物学博士学位。后来在美国加州大学伯克利分校任教。1970 年回到牛津

理查德·道金斯

大学担任动物行为学讲师，1989年任动物学荣誉讲师，随后提升为教授，成为廷伯根的学术继承人。

道金斯是世界闻名的科普作家，诺贝尔奖获得者弗朗西斯·克里克曾高度评价道金斯的作品。“为了拯救你的灵魂，请读一下道金斯的《盲人钟表匠》”

道金斯的著名科普作品有《延伸的表现型》、《盲人钟表匠》、《自私的基因》、《伊甸园之河》等。

成书背景

1859年达尔文《物种起源》在英国发表，此后达尔文主义成为学术界讨论的中心论题。达尔文主义认为，所有生物都是由同一个祖先进化而来，导致生物演变、个体进化的主要原因在于自然选择的作用。但随着进化论的发展，学者开始思考一个问题：什么是进化的单元，群体还是个体？就这个问题，学者们争论不休。

1966年，威廉姆斯在《适应与自然选择》一书中指出：基因才是选择的单元。他认为，能够自主选择的单元必须具备一个基本素质，即能够复制自己。而个体或群体都不具备这样的资格，只有基因这个更基本的东西，才具有这样的性质。道金斯根据总结前人的理论，根据自己丰富的动物行为学的研究经验，提出了“自私的基因”这个概念，此后创立了“自私基因理论”。这个概念新颖独特，同样引起了学术界的很多讨论。

《自私的基因》一书出版于1976年，很快成为畅销的科普读物之一，陆续被翻译成多国文字，在世界流行。中文版则根据英国牛津1989年版翻译，全书共31万字左右。

内容精要

人类和所有的动物一样，都是由基因制造的一部机器，成功基因的一个突出特点，就是它几近无情的自私性。这种基因的自私性，往往会导致个体的自私性。生物的自私性和利他性与达尔文进化论是一致的。即使在利他的群体里，一定会出现有不同观点的个体。显然，这些个体将利用其他个体的利他性，拒绝为群体做任何奉献。按照“自私基因理论”，这些自私个体更容易在群体中存活，而他们的后代同样继承了自私的个性。周而复始，随着代代相传，这个具有利他优良品质的群体逐渐被自私的个体充斥，渐渐得消失，成为自私的群体。

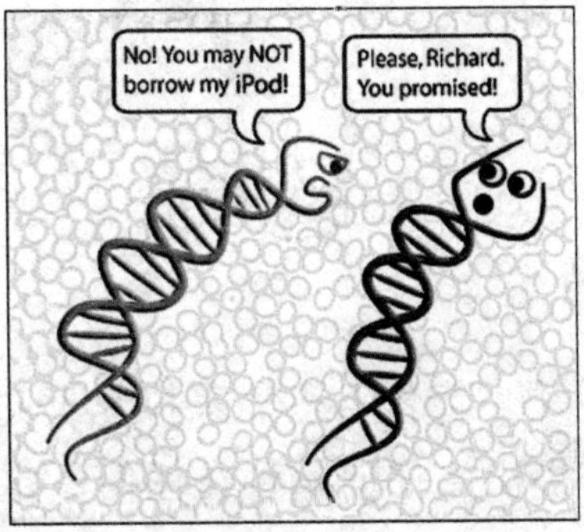

原著中的插图

人类的起源一直是一个令人怀疑的问题。为什么地球上突然之间出现了多种生物，这也令人疑惑。道金斯认为，地球在大约30亿~40亿年前，是一片汪洋大海。大海中富含嘌呤和嘧啶等有机物质——有利于氨基酸和遗传分子DNA形成的元素。在这个“原始营养汤”中，有机物质聚集在一起，受到紫外线的照射，吸收能量逐渐结合成更大的分子。这些分子具有一个特点，能够自我复制，因此可称为“复制基因”。这些复制基因的构件有可能具有吸引同类的特性，从而构成更大的长链，后分解为两个基因，这些基因再继续着复制的过程；另一种可能，这些复制基因具有吸引异类的特性，这样形成与原基因完全相反的基因。当然以上两种复制中，都会产生差错。而这个关键的差错，就形成了形形色色的基因。当

“原始营养汤”中充满了这些基因，必然会有后来的对分子构件的争夺战。因此，更高一级，更稳定的基因生存下来，或者通过化学途径分解对方品种的分子，或者用蛋白质包裹保卫自己等等，这些就是第一批生命细胞的雏形。

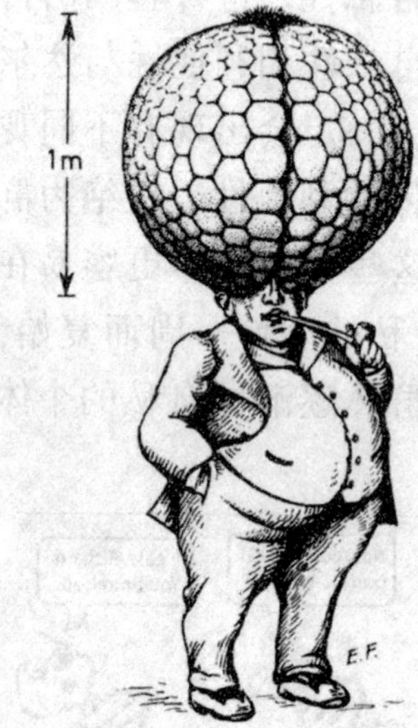

原著中的插图

著名生态学家拉克通过对野生鸟类每窝孵卵量的多年研究，提出，任何物种在任何一定的生存条件下，都会有最合适的孵化数。生物选择孵化数，并非出利他性，并不会因为节约群体资源去减少孵化数量。孵化数完全出自自私个体为了保证后代存活数的目的。对于一个母亲来说，如果把有限的食物和精力分配给很多的子女，相反，这些子女会存活得更少。为了最大限度地提高抚养数目，母亲必须在生育和抚育之间做出选择。这样，动物学会了计划生育。

影响和评价

道金斯在《自私的基因》一书中，提出了“自私基因理论”。道金斯是一位达尔文主义者。他坚持并批判地对达尔文理论进行了深入的研究。他认为生命的起源来自基因。基因是遗传的基本单元，也是自然选择的基本单元。在书中，他通过引述大量动物行为和生态实例，探讨了动物自私行为和利他行为对进化的意义，并提出了一个新的概念——拟子。《自私的基因》不仅仅包含了深入的科学原理，更值得一读的原因还在于，作者能够将深奥晦涩的科学理论娓娓道来，使普通读者在轻松愉悦中理解生物学理论。

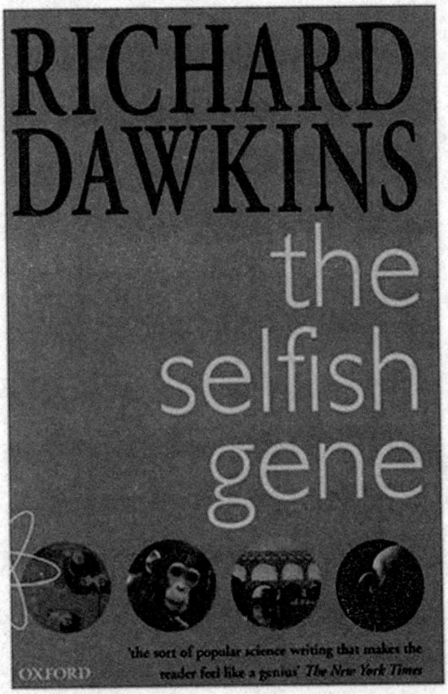

《自私的基因》英文版封面

“他是位英俊的、冰雕一般的男人，有一双犀利的眼睛，配上刀削般的鼻梁，使他那红润的脸颊显得很不协调；穿一身定做的昂贵的套装。当他举起青筋裸露的双手强调自己的观点时，那双手总是轻轻地颤动着，但这并不表明他是个神经质的人。事实上，在短兵相接的观点交锋中，他是个技巧圆熟、表现优异的对手，因而被称为达尔文的猎犬。他坚持唯物的非神秘论的生命观，并把达尔文理论打磨成一件可怕的武器，用以屠戮任何敢于向自己的生命观挑战的观点，在他看来，任何坚持神创论或反对达尔文观点的主张，都是对他个人的侮辱。”

——约翰·霍根《科学的终结》

“这是一本所有人都应该读，也能够读的好书。它以娴熟的技巧描述了进化理论的全新发展。他以独特的视角将公众毫无阻碍地带到全新的有时却让人误解的生物学领域。”

——英国泰晤士报文学副刊

《确定性的终结》

中文版封面

☞ 作者：［比利时］伊利亚·普利高津

☞ 译者：湛敏

☞ 推荐版本：上海科技教育出版社1998年版

作者简介

伊利亚·普利高津，世界著名的物理学家，耗散结构理论的创立者，美国奥斯汀统计力学、热力学和复杂系统伊利亚·普利高津中心主任，比利时布鲁塞尔索尔维物理学和化学研究所主任。共获得全世界40所大学的荣誉学位，5所复杂系统研究的机构以他的名字命名。同时，普利高津接受了北京师范大学的名誉教授聘书，并发表演讲。

普利高津

继牛顿的经典力学、爱因斯坦的相对论和玻尔、海森伯等人的量子力学后，普利高津开创了世界第四大科学丰碑——耗散结构理论。由于这一理论的价值，普利高津获得了1977年的诺贝尔化学奖。诺贝尔委员会的发言人赞扬他使“科学重新充满活力”。

成书背景

日常生活的常识告诉我们，时间不可逆。但爱因斯坦说，时间是一种错觉。大物理学家们主张，时间是可逆的，从而是无意义的。但是普利高津提出了截然相反的概念，引发了一场重要的观念变革。

时间可逆的现象在现实世界非常罕见。不可逆的事件却充斥了我们的日常生活。普利高津将这种不可逆的时间流引入物理学定律。至此，在艺术、医学、商业、社会科学和技术等领域，人们都开始接受并应用普利高津的这一理论。

《确定性的终结》集中了作者长期以来的研究成就，向读者推出更新颖的理论和观点，并加入哲学思想，保持科学与哲学的辩证统一。

内容精要

自19世纪以来，哲学逐渐向时间中心论靠近，从黑格尔、胡塞尔、詹姆斯、柏格森等哲学家的工作中可以看出。对哲学家而言，人类存在的意义依然体现在时间上。但物理学家们主张，时间是可逆的，并不再追究这个问题。决定论符合精确定义的机械论，正如牛顿、薛定谔、爱因斯坦所表述的自然法则，它是可以数字化的。因此时间可逆的观点和哲学中以时间为中心的观点显然产生了矛盾。科学如果不能将人的经验纳入其中，那么科学就失去了目的性。海德格尔主张发科学的论断。你才说，没有事实，只有解释。在时间问题上，科学家和物理学家已经发起了一场公开的冲突。认识自然是西方思想的主要目标。但是，认识始终不等于控制。科学使人与自然统一。

原初状态下宇宙的“大爆炸”，与产生宇宙的介质内的不稳定性密切关联，是宇宙起源的标志，但并不代表时间的起源。宇宙自诞生以来就存在年龄的考证，然而，产生其介质却不存在年龄的问题。换一种说法是，时间没有起点，也许亦无终点。在科学家们的实验中，宇宙是一个孤立封闭的系统，只会自发地发生熵增，自发地走向崩溃瓦解。一个远离平衡的开放系统通过与环境进行物质、能量和信息的交换，就有可能自发组织起来，实现从无序到有序的转变，形成具有一定组织和秩序的动态结构。当系统进入非平衡态，其中的非线性相互作用得以表现出来，就可能形成新的有序结构。

发展，通过涨落或起伏以达到有序。涨落的作用体现在系统的存在状态中，它意味着与系统的稳定或平均状态的偏离。从系统的演化过程来看，涨落如果反映在同一系统的发展、演化过程中，就是发展过程中的偏离和不平衡。不可否认的是，涨落普遍存在于宇宙世界，任一系统创新的源泉，也是系统发展演化的重要因素。在一定条件下，某些小幅涨落会被放大，迅速成为引起系统整体进入全新的有序态的涨落。巨涨落可能就会引发“质变”，也可能会产生“革命”后的“成果”。发展不会一帆风顺，在前进的道路一定充满着分岔和选择。而事物的演化也不只是一条道路通罗马。“时间先于存在”，没有开端没有终点。宇宙的存在，是无边界宇宙（元宇宙）中的一个具体存在，演化具有绝对性。恩格斯认为，自然界不是存在着，而是生成着并消逝着。

影响和评价

20世纪60年代以来，人们开始走入完全确定性世界的迷雾，这种图景越来越受到置疑和批判，于是学者们把视线转向哲学或文化视角寻求答案。而《确定性的终结》阐述了普利高津的观点，系统精炼地阐释了该学派的科学新发现——耗散结构理论。同时，普利高津在书中应用了新颖的概念和优美的数字推理，被赞誉为“热流学的诗人”。

普利高津说，“本书有着某种不寻常的历史。”“本书是布鲁塞尔学派和奥斯汀学派数十年研究工作的成果。虽然物理思想早已明晰，但它们精确的数学表述只是在最近几年才得到。”普利高津在《确定性的终结》这本书里，引导读者领略科学探险的乐趣，从古希腊文明出发，途经牛顿定律和确定性混沌的路标，到达量子理论与宇宙学统一表述的高度。

《确定性的终结》英文版封面

重新表述自然法则，建设新理论、新科学，需要几代科学家的持续奋斗。普利高津的贡献在于正确地提出问题，给出解决问题的粗框，提供了继续工作的基础。

——中国人民大学哲学系教授　苗东升

《自达尔文以来》

中文版封面

☞ 作者：[美] 斯蒂芬·杰·古尔德
(Stephen Jay Gould)

☞ 译者：田名

☞ 推荐版本：三联书店 1997 年版

作者简介

斯蒂芬·杰·古尔德，世界著名的进化论科学家、古生物学家、科学史学家和科学散文作家，是当今世界上著名的进化论者、古生物学家、科学史学家和科学散文作家。

斯蒂芬·杰·古尔德

古尔德 1941 年出生在纽约的一个犹太人中产阶级家庭中，在哥伦比亚大学获得古生物学的博士学位。先后在美国著名的进化生物学研究中心、哈佛大学比较动物学博物馆从事研究工作。古尔德早期的研究领域是蜗牛的自然史，他对百慕大地区蜗牛的自然演变及分布的研究做出过突出的贡献。然而，使他享誉科学界的却是他和尼尔斯·埃尔德里奇于1972年提出的“间断平衡”进化理论。此外，古尔德对重演论的历史和科学种族主义等研究也是很出色的。在他的名望在科学界确立之后不久，古尔德的名字也开始越来越为大众所熟悉。他主持并编写的科普片《进化》，有很高的收视率。

成书背景

1974年，古尔德在《自然史》杂志上开辟了一个专栏“这种生命观”。在这个专栏里，古尔德用散文体形式，向读者讲述了由自然现象引出的种种思考，包括对自然现象的遐想，对科学的反思，既有对社会偏见的尖锐批判，又充满了对于自然、人类、文学、艺术和哲学的深爱。在这些文章中，作者不仅讲述了生物进化理论，还用包含深刻哲理的文笔，带领读者进入一个广阔的思维空间。因此，自古尔德的这些科学散文一经发表，就备受读者的喜爱，甚至一些严肃的学术论著也常引述他的见解。

1979年，美国和英国的一些出版社已将古尔德在《自然史》杂志上的专栏文章归结为7本书，以“自然史沉思录”（Reflections in NaturaI History）为总标题出版。《自达尔文以来》为第一本，相继出版的还有《熊猫的拇指》、《母鸡的牙与马的蹄》、《火烈鸟的微笑》、《为雷龙喝彩》、《八头小猪》和《鼎盛时期的恐龙》。这套书在美国及其他英语国家受到好评和欢迎，其中有的获得过美国国家图书奖和国家图书批评奖；仅《自达尔文以来》的读者在美国就逾百万，还被译成多种文字出版。中文版于1997年由三联书店出版。

内容精要

“进化指的就是生命从单细胞生物，经过数百万年，以一系列生物变化的方式，进化到生命的最高状态——人类仅仅是生物基本类型的变化不能被视为进化”可能有许多人对达尔文所提出的生物进化论的理解就是这样的，也就是将生物的进化等同于生物的进步。然而，你知道吗？这并不是生物进化论的真正含义。

达尔文很少使用进化这个词，显然因为他否认这个带有进步含义的词。在他最初的著作中，达尔文使用的是“带有饰变的由来”，后来许多科学家为了找到一个更简明的词汇，就采用“进化”这个词。达尔文坚持进化没有方向，进化并不必然导致更高等的生物出现。生物只不过更加适应它们所生活的环境，这就是进化。

灵长类动物

瑞士动物学家阿道夫·波特曼通过艰苦的研究，把哺乳动物的生殖模式分为两种：早熟型哺乳动物和守雏形哺乳动物。灵长类是典型的早熟型哺乳动物。然而古尔德提出了一个显眼而令人窘迫的例外，即我们人类。我们与灵长类的近亲有许多相同的早熟型性状，生命长，脑大，_胎仔数少，但是我们的婴儿出生时却像守雏形的哺乳动物的幼仔一样需要照顾。古尔德提出了一个让人震撼的答案。人类的婴儿在出生是胚胎，这一胚胎生活了9个月左右，相对与自己的发育速度，人类孕期明显的短了7~8个月。古尔德按照机械论及唯物论来考虑，简单地说，女人的产道不能成功地生出一年大的婴儿，因为人类的脑太大了。如果想成功分娩的话，只能孕期缩短，当脑只占胎儿体积 1/4 时，就要分娩。

刚竹在中国 999 年开了一次花之后，非常规则地一直是 120 年开一次花并结种，无论什么地方种植的刚竹，都遵循这个周期。

刚竹

古尔德认为自然选择理论可以解释这个奇特的现象。生物在“生存斗争”中遵循着不同的策略。一种有效的捕食者满足策略包括两种适应。首先出现或生殖的同时性必须非常精确，从而保证市场的充裕，而且时间很短；其次，这样的充裕并不常见，使得捕食者无法将生命周期调整的与预期的食源充裕相符。应用这个理论，我们就容易理解为什么刚竹 120 年才开一次花。

在过去 6 亿年时间里间断生命史的若干大规模灭绝中，最深重的一次发生在大约 2.2 亿年前的二叠纪末期。足有一半的海洋生物在很短的几百万年内就灭绝了。什么原因导致这次大灭绝，随着地质学和进化生物学的进步，人们逐渐找到了答案。大陆由于碰撞锁定在一起，导致新洋流的散播突然停止。洋脊下沉，浅海从大陆退却，早期二叠纪丰富的生态系统失去了供养其成员的空间。

19 世纪后期，意大利医生西萨尔·隆布罗索建立并积极领导了一个国际“犯罪人类学”派。他认为，40% 的罪犯是固有的生物学上的罪犯——天生的罪犯；其他的罪犯可能是由于贪婪、嫉妒、愤怒引起的——偶然的罪犯，并认为应该根据天性来判定罪犯。惩罚应与罪犯相当，而不是罪行相当。古尔德分析说，隆布罗索“科学”存在社会偏见。他的观点先判决了许多清白无辜的人，而这种预先判断也是毫无移居的预言。

影响和评价

《自达尔文以来》这本散文杰作，收集了古尔德在《自然史》杂志上发表的 33 篇科学随想。作者在哈佛大学教生物学，是科学内行，又有历史学家的眼光。他提出了一个问题：达尔文在确立了进化论之后，为什么迟了 20 年才发表？古尔德说，这是因为他清楚进化论的含义比一般人所意识到的更为离经叛道。古尔德的核心观点是，达尔文理论的核心并不在于后来被人们广泛接受的进化，而在于长时间被拒绝和忽视的自然选择。

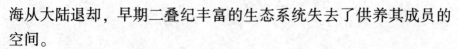

《千亿个太阳》

中文版封面

☞ 作者：[德] 鲁道夫·基彭哈恩
(Rudolf Kippenhahn)

☞ 译者：沈良照，黄润乾

☞ 推荐版本：湖南科学技术出版社 2007 年版

作者简介

鲁道夫·基彭哈恩是德国著名的天体物理学家，20 世纪 60 年代密近双星质量转移演化理论的创始人之一。1926 年出生与捷克斯洛伐克的贝而林根，就读于 Halle 和哥廷根大学，1951 年获博士学位。1965 ~ 1974 年为哥廷根大学天文学与天体物理学教授，1975 年起任马克斯·普朗克学会所属天体物理研究所教授、所长，1985 ~ 1991 年任国际天文学联合会副主席。著有《等离子体物理基础》、《来自宇宙边缘的光线》。

鲁道夫·基彭哈恩

成书背景

人类对恒星的形成、演化和结局的认识，是20世纪科学研究的重大成就之一。天体物理学家利用现代物理学知识，为恒星建立数学模型，用计算机模拟恒星的结构和演化过程，从而对恒星的理解变得更加深刻了。

基彭哈恩和孩子们在一起

借由天体物理学的发展，为了满足读者对科学知识的好奇，基彭哈恩根据他本人的研究生涯，写作了《千亿个太阳》这本书。《千亿个太阳》引用了精确的科学依据，紧凑生动、趣味盎然地描述了人类对恒星漫长一生的认识，以及恒星在能量耗尽后的演变过程。

《千亿个太阳》的德文版出版于1980年，英文版于1983年问世，中文版出版时，作者已年纪花甲，为了使中文版更加贴近天体物理学的发展，特意对原版做了修订，1996 年译者根据 1984 年的德文版，加入作者后期的修改补充材料译成。

内容精要

恒星数量之多，远远多于人类的数量。如何对恒星进行规序，是天文学领域的重要课题。天文学家通过测定恒星的两个量来进行研究，一是恒星的温度；二是恒星的光度。根据这两个量来确定恒星的大小。

恒星

以光度为纵坐标，以表面温度为横坐标作图，在图中标出每颗恒星的位置。于此我们得到天文学家经常应用的关系图：赫罗(HR 图)。当我们把所有的恒星都画在 HR 图上时，我们惊讶的发现，90% 的恒星都落在由左下方往右下方，即由光度大的蓝星向光度小的红星走的一条带内。天文学家把落入这一区域的恒星称为主序星。在 HR 图中，从左上方到右上方，恒星的质量在逐渐减少，而另一方面，主序星的质量越大，辐射能量越多，其寿命就越短。

当恒星中的氢聚变为氦，氦球越来越强烈的收缩并变热，光线维持不变但外壳表面逐渐变冷，这时这个恒星就变为红超巨星脱离主序区。氦球收缩，变为碳原子不断碰撞并继续聚变，当氦耗尽时，红超巨星就在内部形成了白矮星。自然界在元素铁处设置了一个极限。铁本身不产生核能，重核通过裂变产能，而轻核通过聚变产能。铁球中的物质聚集到一定程度会导致天体的崩溃。这时，电子进入原子核，进而产生了中子气体，这样就出现了一个平稳的天体，即中子星。

有颗恒星被托勒密称作“女怪之首”。中国的叫法为“大陵五”。人们常发现这颗星很亮，但有时会变暗到比其他常暗的星还暗。天文学家称这种星为“变星”。在双星系统中，任何地方的物质都会收到两个恒星的吸引。有一类双星系统，其中一颗星是在体积以内，另一颗正好充满它的洛西体积。其中小于洛希体积的星质量比较大，而充满其洛希体积的恒星质量比较小，质量大恒星演化得很快，然而在两颗年龄相同的恒星中却是质量较小的星首先耗尽氢燃料。天文物理学家用计算机模拟了主序密近双星这样的演化过程，得出结论，较大恒星获得能量后逐渐变老，在这段时间中，就出现了大陵五这样的变星。

影响和评价

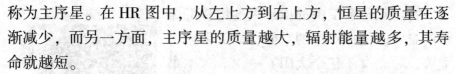

基彭哈恩是天体物理学领域具有杰出贡献的科学家。他的主要成果为，20 世纪 60 年代，成功描述年太阳质量的恒星从主序到红巨星的演化过程，并且解决了密近双星质量转移问题，即开

了在特定双星系统中的质量大的恒星寿命长的难题。他将一生的重要科研成果成书立著，写成《千亿个太阳》一书。这本书成为一本优秀的全面介绍天体物理学的读物。

《千亿个太阳》德文版封面

“外行盼望着一册全面介绍现代天体物理学的读物，要有科学依据，能反映当前成就与问题，既内容确实可靠，又写得紧凑生动，趣味盎然……这本书正满足这种要求”

——译者　沈良照，黄润乾

《可怕的对称》

中文版封面

☞作者：[美] 阿·热
(Anthony Zee)

☞译者：熊昆

☞推荐版本：湖南科学技术出版社
1992 年版

作者简介

阿·热，美国著名的理论高能物理学教授。出生在中国，在巴西长大，就读与普林斯顿大学和哈佛大学，游历并讲学于全世界，自 1985 年始，担任加利福尼亚大学教授和圣·巴巴拉理论研究所教授。从 20 世纪 70 年代开始，热就致力于几种基本作用力的统一问题，以及宇宙学和引力理论的研究。

阿·热

热出版了《可怕的对称》、《宇宙中的统一力》等书，《宇宙中的统一力》这本书为研究生和研究人员的专业书，该书被伦敦《泰晤士报》誉为“清新诙谐，发人深思。”

成书背景

阿·热写作《可怕的对称》源自对爱因斯坦思想的热爱。爱因斯坦曾说过：“我想知道上帝是如何创造这个世界的。对这个或那个现象、这个或那个元素的谱我并不感兴趣。我想知道的是他的思想，其他的都只是细节问题。”作者希望通过他的研究，探索大自然中统一美学观点——对称性。

在物理学领域，存在两种研究方式，一种是唯象学研究，即试图对观察到的某种现象用规律的形式做出简单的描述，结果给出唯象学的定律。另一种是基础理论的研究方式，即从少量事实，建立超越事实本身的理论以预言不可知的现象。后一种研究方式所依赖的理论框架就是对称性——确立为一种美学原则。阿·热为了将这种理论物理学的知识让更多爱好者所知，着手写了《可怕的对称》这本书。

因此，作者将《可怕的对称》的读者定位在，对美学框架感兴趣同时具有理性好奇心的人，并希望读者们能够了解现代物理学的历史和框架。《可怕的对称》这本书是一本通俗读物，在书中，作者阐释了大自然基本规律中深刻抽象但又形象生动的“对称”。

内容精要

基础物理学家认为，终极设计者（大自然）是用美的方程来设计宇宙。这里的美指的就是对称。在几何学中，我们很容易将一个几何图形进行特定操作，使它保持不变。但在物理学领域，如何保持这种对称性呢？对同一事物，处在不同运动状态的人是不是获得同样的观测结果呢？由于我们无法保证事物每时每刻保证相同不变的状态，因此观测结果也很难说，一定也有高度的一致性。

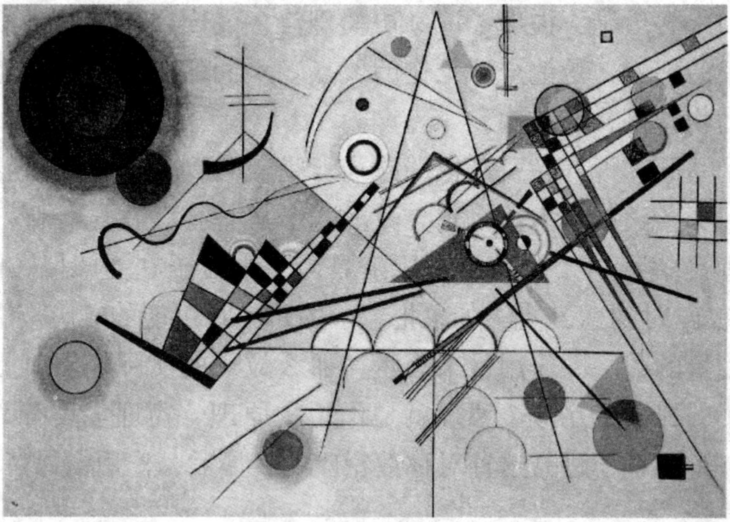

原著中的插图

区分物理定律的对称性和特定情形的对称性是极其重要的。对不同运动状态的观察者，不变的是物理定律。如前面我们所说的例子，如果两种个观察者的状态构成两个方程，通过其中一个方程式，我们可以推知另个观察者的状态。将方程式带入物理定律中，如果物理定律保持不变，那么这个定律具有对称性。

爱因斯坦对对称性的深邃观察，令人惊叹。以 30 米每秒的速度前进的火车上，一个人以 10 米每秒的速度扔出一个球，我们可以推知，站台上的人所看到球的速度是 40 米每秒。

物理学发现，牛顿定律在伽利略变换下的对称性，保证了当火车以远小于光速的情况下人们直觉的正确性。但如果火车运动的速度接近于光速，人们基于日常经验的直觉就是错误的。麦克斯韦发现的电磁波却又打破了这个结论，光速与观测者的运动速度无关，在伽利略变化下，牛顿力学是对称的，而麦克斯韦电磁学方程却失去了对称性。爱因斯坦抓住了这个矛盾，他通过洛伦兹变换，证明了电磁波的对称。后来，爱因斯坦又把对称性的思想指向引力理论，提出了广义协变理论。爱因斯坦对物理学定律对称性的理解，是他全部工作的要点：不同的观察者应该感受到同样的物理是在的结构。

费马原理说，光所选择的路径，是使它到达目的地所花时间最短的那条路径。为什么光会做出这个“理智”的选择呢？作用量原理是解释这个现象的常用工具。一个粒子在 T_a 时从 A 点出发，在 T_b 时到达 B 点，如果把粒子的每一种可能的经历都用一个可以度量的数——作用量来表示，那么粒子的实际经历就是作用量最小的那一个。这个原理就是作用量原理。物理学具有某种对称性，是指在作过与这种对称性相应的变换后，作用量保持不变。

影响和评价

《可怕的对称》阐释了“对称”如何奠定现代物理学上的思想和美学的基础。作者在书中将生活中活生生的例子深入到深奥抽象的概念“对称”中，从星球寿命、光的魔力、浩瀚的宇宙、粒子的生死等多种不同现象中展现对称如何规划大自然的宏伟构造。

《可怕的对称》英文版封面

热教授用简洁、幽默、敏锐的语言描述了物理学家对宇宙探索最深刻的问题，这只有像他那样对该问题进行深刻理解的人才能写得如此好。

——默夫·戈德伯格，著名物理学家和加利福尼亚工学院院长

《可怕的对称》用晓畅生动的语言叙述了现代物理学的成就和当代物理学家的故事，它把“可怕的”对称问题谈得简洁易懂，正如能把刚烈的老虎驯服得生气勃勃而富有人情味一样，精彩地解释了巨大的成就。

——李政道，诺贝尔物理奖得主，恩里科·弗米，哥伦比亚大学的物理学教授

对像我这样对现代理论物理一窍不通的外行而言，热这本书无疑是光芒四射的。一旦掌握了对称说在美学和思想方面的原则，我觉得自己在他的学说指导下，能够对我从不了解的宇宙构造面面观进行沉思。

——约翰·鲁伯特·马丁·马昆德，普林斯顿大学艺术和考古学教授

《熊猫的拇指》

☞ 作者：斯蒂芬·杰·古尔德
(Stephen Jay Gould)

☞ 译者：田洺

☞ 推荐版本：三联书店 1999 年版

中文版封面

成书背景

1974 年，古尔德应邀在《自然史》杂志上，开辟了一个名为“这种生命观”的专栏，陆陆续续发表了多篇关于自然现象的科普散文。古尔德丰富的想象、精准的科学知识都受到读者推崇。为了满足众多读者的喜爱，1979 年，古尔德的这些专栏文章被出版，汇集成 7 本书陆续发行，并以“自然史沉思录”（Reflections in Natural History）为总标题。其中包括《自达尔文以来》、《熊猫的拇指》、《母鸡的牙与马的蹄》、《火烈鸟的微笑》、《为雷龙喝彩》、《八头小猪》和《鼎盛时期的恐龙》。

《熊猫的拇指》主要探索了包括达尔文的生物进化论、二叠纪灭绝、生物异速生长、发育的遗传调控、科学史和科学种族主义等问题。在这本书中，作者将自然科学和社会科学融合在一起，既包含了对生物进化论的阐释，也蕴含了很多对人性的思索和对人类生存的感叹。

内容精要

熊猫作为仅存于中国的珍稀动物，多次被作为友好礼物“访问”各国。古尔德对憨态可掬的熊猫也产生了很大的好奇。他发现，熊猫除了拇指之外还有五个“手指”。经研究发现，熊猫的拇指并不是真正的“手指”，是碗中的小块骨——桡籽骨。桡籽骨支撑熊猫前爪的肉垫，五个手指形成另一个肉垫，形成掌。两个肉垫之间有个凹槽，帮助熊猫抓握竹竿。熊猫的手指上还附着一些肌肉，更有利于熊猫灵活得运用手指活动。

大熊猫

熊猫的这些特征，和很多肉食动物相似，如熊、浣熊等。但是并不如熊猫这样灵活。熊猫具备这些特征源自后天进化的结果。熊猫由食肉改为食素后，肢体也随着外部生存环境和食物链发生了改变。古尔德认为，熊猫的拇指证明了进化的过程。

1838年，达尔文提出自然选择理论。自然选择理论成为当时生物学领域具有里程碑意义的科学构想。在之后的生物研究中，很多科学家都依照这种思路进行下去。达尔文式最大生殖能力的状态是保持雌雄数目相同的平衡。但据我们对自然界的观察，每个卵只能产生一个后代，而精子却不一定。一个雄性生物可以使多个雌性受孕。如果1个雄性可以和9个雌性交配，为什么不产生10个雄性后代和90个雌性后代呢？著名的教育学家和生物学家R·A·费舍尔这样认为，假如雄性可以使一个以上的雌性受孕，那么导致后代中雄性为少数的遗传基因就具有达尔文优势，使得雄性后代占据明显优势。这样，有效生出雄性后代的基因便会扩散，久而久之，雌雄比例趋于相同。这也就是我们所知的“费舍尔法则”。

古尔德一直是个“米老鼠迷”。甚至用量尺计算出30年代早期、40年代末期和70年代米奇的形象变化。他发现，米老鼠的形象越来越倾向于大眼睛、突出前额和小脸颊。这个形象恰好符合人们对同类和动物的喜好。人们对具有幼体特征的动物（包括婴儿）非常喜爱。婴儿和成人体态之间具有什么差异呢？人的胚胎的头端先于脚端生长，因此，婴儿一般都是头大身子小。但3岁之后，脑的生长开始缓慢，而四肢的生长开始快于头颅，这样幼儿越来越倾向于成人的形象。古尔德幽默得说：“我很抱歉地要指出，成年人的头像猿的头。可那无论如何不是一个美的形象吧！”

19世纪的生物学界，曾出现过一场声势浩大的关于智慧水平与人脑大小的争执。法国人类学家布鲁卡认为，脑大则聪明，脑小则愚蠢。但法国生物学家格拉蒂奥洛则提出反对意见。他认为，头大的人不一定就是最聪明的人。争执的最后，布鲁卡派获得了胜利。因为对诸多名人脑容量的解剖成为他们最强有力的证明。

但这个结果对达尔文的进化理论提出了质疑。达尔文认为人的智力是后天形成的。布鲁卡派甚至认为，白种人的脑量高于有色人种，男子的脑量高于女人，因此白种人应为世界的统治者，男子应该统治女人。但是布鲁卡去世后，研究者对他的解剖让布鲁卡派极为尴尬。布鲁卡自己脑量仅仅1484克，低于人脑量的平均值。生物学发展到今天，已经没有人再拿脑量大小做文章了，以脑容量的大小来进行种族和性别歧视都显得十分愚蠢。

影响和评价

古尔德是闻名世界的科普作家。他的数部作品都堪称佳作，被翻译为多个国家的文字，在世界范围内广为流传。他与理查德·道金斯、卡尔·萨根、丹尼尔·丹尼特等齐名。

《熊猫的拇指》是古尔德“自然史沉思录”系列著作中的一种。他通过熊猫拇指这个独特的自然现象向读者讲述了科学进展的故事，使读者感受思想上的启迪。古尔德的写作能够保持西方博物学的优良传统，同时添加现代技术分析手段和科学方法论，作品内容广博。古尔德文笔生动，具有丰富的联想力，因此该书读来如坐春风，同时还可以随同作者的笔触去思考自然世界的神奇景象。

《熊猫的拇指》英文版封面

他向我们讲述了自然现象引出的种种思考，包括对自然现象的遐想，对科学的反思，既有对社会偏见的尖锐批判，又充满了对于自热、人类、文学、艺术和哲学的深爱。这些文章的中心是生物的进化和进化的理论，但由于作者联想的丰富、思考的独特、文笔的流畅和常识的广博，所以我们读来不仅感到惬意，而且还会跟随作者引导，去思考周边事物及现象的背后所蕴含的深刻而具普遍性的道理。从这一点上看，古尔德的科学散文达到了阿西莫夫科普作品所不及的境地。

——译者　田洺

《混沌：开创新科学》

中文版封面

☞ 作者：[美] 詹姆斯·格雷克
(James Gleick)

☞ 译者：张淑誉

☞ 推荐版本：高等教育出版社 2004 年版

作者简介

詹姆斯·格雷克

詹姆斯·格雷克，《纽约时报》科学版的记者。1987 年因出版《混沌：开创新科学》而一举成名，之后成为专业的科普作家。他曾撰写美国理论物理学家、1965 年度诺贝尔物理学奖获得者理查德·费曼的传记《费曼传》、西方科学圣人牛顿的传记《牛顿传》，享誉世界。

成书背景

混沌研究，是非线性科学最重要的成就之一。这一研究的发展，有助于使复杂系统的理论建立在“有限性”的基础以消除自然界的决定论和概率论的对立。混沌研究跨越了众多学科的界限，如普适性、度标率、自相似性、分形几何学、符号动力学等概念，超越了原来数理科学的狭窄背景，跨越了化学、生物、地学和社会科学的多种领域。混沌成为“举世瞩目的学术热点”。

《混沌：开创新科学》是一部大型报告文学，主要记录了20世纪以来非线性科学进展的重要研究——混沌现象。自20世纪70年代中期以来，混沌现象的研究逐渐兴起，并于80年代走向高峰。格雷克作为《纽约时报》科学版的记者，走访了大约200位在混沌研究前沿的科学家，从而积累了很多相关珍贵的素材。据此，格雷克撰写了《混沌：开创新科学》这部书，一方面记录研究者真实的情感和成长经历，另一方面介绍他们对混沌研究的成果和奉献。

内容精要

一、洛伦兹开创现代混沌研究

洛伦兹从小喜爱观察气象，同时对数学也非产感兴趣。1938年大学毕业后，成了一名空军气象预报员。在工作中，他用计算机模拟天气，运用12个表示温度与气压关系或者气压与风速关系等的方程作为规律，创造出了一套简单的绘图法来输出模拟结果。在长期实验中，洛伦兹偶然发现，一次在输入数据后，输出结果只在开始时与以往的结果相同，随着时间的推移，差别越来越大。洛伦兹根据这次实验现象，总结出“小误差引起了灾难性的后果”的结论。后来他将这种现象总结为“一只蝴蝶在巴西扇动翅膀会在得克萨斯州引起龙卷风。”即蝴蝶效应。

二、斯梅尔发现“马蹄”

斯梅尔在悉尼专攻理论物理，后在哈佛大学学习应用数学，后对生物学产生兴趣，将研究重点放在了最简单的生态问题。他研究当种群增长率即种群的盛衰趋势超过临界值后的结果。他显现增高非线性的程度，不仅改变输出的数量还改变输出的性质。据此，斯梅尔认为：简单的决定论模型能产生表面看来是随机的行为，并提出“系统有可能有混乱行为，然而这种混乱行为不可能是稳定的。系统的稳定行为是那些不会因为某些数作了小小的改变就消失的行为。任何系统可能同时具有稳定和不稳定行为”，即“斯梅尔马蹄”。

三、曼德勃罗发现“混沌的形象”

曼德勃罗

曼德勃罗是一位数学家，并涉猎经济学，研究一种经济模式中高低收入的分布。一般经济学家认为：商品的价格，比如棉花，会按照有序或随机两种形式变动。短期，会有大的价格波动，但长期来看价格会稳定在平均值附近。但霍撒斯的研究数据和预期不符。曼德勃罗则认为，价格的每一次特定的变化是随机和不可预言的。价格的日变化和月变化曲线完全一致。在大量无序的数据里存在着一种有序。

世界范围内河流的数据，把水位变化的规律总结为两个效应：不连续的诺亚效应和连续性的约瑟效应。诺亚效应和约瑟效应叠加后的效果是：自然界中的趋势可能同样快的来临或消失。

四、混沌理论的普适性

费根鲍姆是基本粒子物理学方面的专家。他认为“物理学的全部传统是：你只要估计出机理，其他的一切都随之而来。现在完全垮台了。这里你知道正确的方程，但他们简直无济于事。你把所有的微观小块拼起来，但是不能它们延伸到长期行为。它们不是问题的重要之点。”费根鲍姆研究简单的数值函项，得出不同系统的行为相同，即普适性。这种普适性不仅是定性的，还是定量的；不仅是结构上的，而且是度量上的。

影响和评价

格雷克作为一名非专业记者，能够在《混沌：开创新科学》一书中，将备受争议的混沌理论写得“从专业角度说没有任何毛病”，难能可贵。很多评论家都将这本书作为关于混沌的优秀科普读物推荐给读者。这本书一经出版，就成为畅销书，甚至有人说：“读了《混沌》之后，你就绝不会再用老眼光来看世界了”。

《混沌：开创新科学》英文版封面

这是一部使人震惊的著作，书中的主题激动人心。作者格雷克在第一时间完成了这本书，并将这个令人兴奋的研究结果展示出来。

——巴利·洛佩兹，《北极梦》作者

我被这部令人惊异的科学思想史所深深吸引，以至于不惜花费大量时间去一再品味这本书带给我的极大乐趣。

——路易斯·汤马斯，《细胞的生命》作者

格雷克在《混沌》中所做的阐释不仅是令人信服、精确的。而且期间充满着美妙而又奇异的想法。

——道格拉斯·哈夫斯塔特，《哥德尔、埃舍尔、巴赫》作者

《时间简史（普及版）》

中文版封面

☞ 作者：[美] 史蒂芬·霍金（Stephen Hawking），列纳德·蒙洛迪诺（Leonard Mlodinow）

☞ 译者：吴忠超

☞ 推荐版本：湖南科学技术出版社 2006 年版

作者简介

史蒂芬·霍金，剑桥大学卢卡斯数学教授。

史蒂芬·霍金

先后毕业于牛津大学和剑桥大学，并获剑桥大学哲学博士学位。在大学学习后期，开始患“肌肉萎缩性脊髓侧索硬化症”（运动神经元疾病），半身不遂。他克服身患残疾的种种困难，于1965 年进入剑桥大学冈维尔和凯厄斯学院任研究员。这个时期，他在研究宇宙起源问题上，创立了宇宙之始是“无限密度的一点”的著名理论。1969 年起任冈维尔和凯厄斯学院科学杰出成就研究员。1972～1975 年先后在剑桥大学天文研究所、应用数学和理论物理学部进行研究工作，1975～1977 年任重力物理学高级讲师，1977～1979 年任教授，1979 年起任卢卡斯讲座数学教授。其间，1974 年当选为皇家学会最年轻的会员。1974～1975 年为美国加利福尼亚理工学院费尔柴尔德讲座功勋学者。1978 年获世界理论物理研究的最高奖爱因斯坦奖。霍金的成名始于对黑洞的研究成果。在爱因斯坦之后融合了 20 世纪另一个伟大理论——量子理论，他认为，宇宙是有限的，但无法找到边际，这如同地球表面有限但无法找到边际一样；时间也是有开始的，大约始于 150 亿～200 亿年前。1988 年获沃尔夫物理学奖。

霍金不仅是宇宙创生理论的创立者和集大成者，还是一位杰出的科普作家。他还为普通读者撰写过文集《霍金演讲录——黑洞、婴儿宇宙及其他》、《时间简史插图本》、《果壳中的宇宙》，均获得极大好评。

纳德·蒙洛迪诺

纳德·蒙洛迪诺是位物理学家，他是《时间简史（普及版）》的合作者，在加州理工学院任过教，曾为《星际航行：下一代》写过剧本。他著有《欧几里得的窗口》和《费恩曼的彩虹》，并是“爱因斯坦小学生系列丛书”的合著者。

成书背景

史蒂芬·霍金 1988 年写成科普著作《时间简史》，至 1995 年 10 月该书发行量已超过 2500 万册，译成几十种语言。随着《时

间简史》畅销世界，已成为科学著述的里程碑。书中，作者运用娴熟、独特的表达方式，讨论的宇宙创生理论这个令人敬畏的主题：空间和时间的本性，上帝在创生中的作用，宇宙的历史和将来。这本书，对很多读者来说，显得不太容易理解。霍金希望更多的读者能够了解世界了解宇宙，更容易接受宇宙创生说的内容，于是，提笔写作《时间简史（普及版）》。同时，霍金在书中加入了最新的科学观测和发现。

《时间简史（普及版）》较《时间简史》在篇幅上“更简明”些，但实际上却扩大了原书的论题。删除了纯粹技术性的概念，比如混沌的边界条件的数学等等。但对于一些具有趣味性的课题，比如相对论、弯曲空间以及量子论，则针对读者的理解水平，各自分章论述，篇幅反而增加了。

此后，霍金对《时间简史（普及版）》进行了重新组织，对读者特别感兴趣的领域进行拓展，并收入最新的进展，从弦论的最新发现，到寻求物理学中各种力的全备统一理论等。本书力图引导世界各地的普通读者寻找时间和空间核心可望而不可即的秘密。

内容精要

儿童时代，我们喜欢提出的大问题是，我们从哪里来？未来是什么样子的？如果说我们不是虔诚的基督教徒，这些问题的答案就请从《时间简史》中寻找吧。

霍金写《时间简史》，一是解释了宇宙学（即研究宇宙的自然法则的学科）的基本原理；二是探讨宇宙的未来。《时间简史》给了我们这样一个视角，通过严格的科学方法，就可以知道“我们为什么会存在？”。对于这个人类的重大问题，《时间简史》给出了清晰的答案，这使得《时间简史》的读者数仅次于《圣经》。

在霍金的书里，我们看不到学究一样的怪癖，相反我们感受到的是字里行间流露出的谦和性格。霍金以他出类拔萃的才能和非凡的人格吸引了众多爱好者，参与《时间简史》中的抽象科学讨论中。霍金以引人入胜的方式，把爱因斯坦的狭义相对论和广义相对论阐释得深入浅出。

原著中的插图

《时间简史》的主题是人类时空观和宇宙观的变革。他描绘出从亚里士多德到爱因斯坦的完整历程，阐释了物理学史和天文学史的连接点，同时从爱因斯坦的革命性理论引入自己的若干猜想。这些猜想已经被科学家证实，霍金的理论因此也获得了科学界的广泛认同。

《时间简史（普及版)》描述了在寻找一种物理学所有力的完备统一理论方面最近获取的进展。它特别描述了在弦理论以及在表观上不同的物理理论之间的“对偶性”或者对应中获得的进步，这种对偶性表明存在一种物理学的统一理论。在观测方面，这本书包括了诸如那些通过宇宙背景探测器（COBE）和哈勃空间望远镜得到的新的重要发现。

最近10年的观测已经确认宇宙的年龄为137亿年。科学家还认为我们生活其中的宇宙是开放的，并永远膨胀下去。不仅如此，其膨胀率正在不断增大。也就是说，宇宙的膨胀不仅没有因物质的万有引力而减缓，反而由于在宇宙中存在某种暗能量而加速。至于暗能量的机制究竟是什么，这是当代宇宙学的最大课题。

关于寻求宇宙的终极理论，目前的共识是，它很可能是称为 M－理论的一个理论网络。M－理论犹如从波浪中诞生的维纳斯女神，正在抖落身上的水珠，将以美丽优雅的形态呈现于世。佛罗伦萨乌菲齐博物馆的波提切利的那幅名画描绘的正是这个场景。

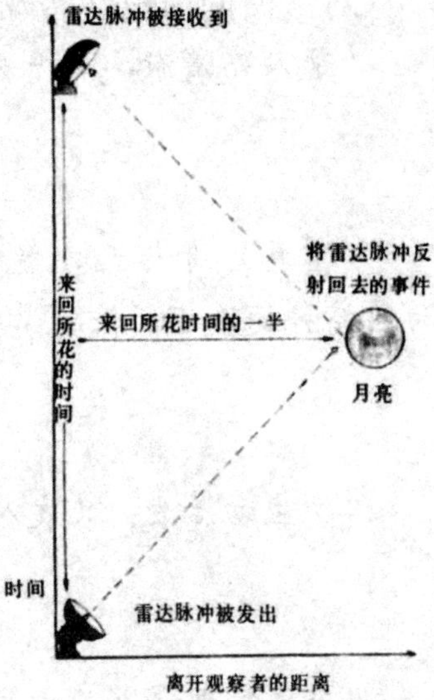

原著中的插图

影响和评价

《时间简史（普及版）》探讨了当代物理学的一些最艰深的问题，比如关于宇宙我们究竟知道了什么？我们如何知道这一切？宇宙从何处来，又向何处去？但这本书在保持《时间简史》精髓的同时，还保证了可读性，能以更轻松、更富有趣味。《时间简史》的重大意义除了其中的科学成就，更在于它面向一般读者的定位。这本书是第一本成功地阐述宇宙运行的图书。《时间简史》曾荣登《伦敦星期日时报》畅销书榜达 237 周之久，在地球上大约 750 人（包括儿童）就拥有一册。这个数据也充分说明了，《时间简史》获得了前所未有的成功。

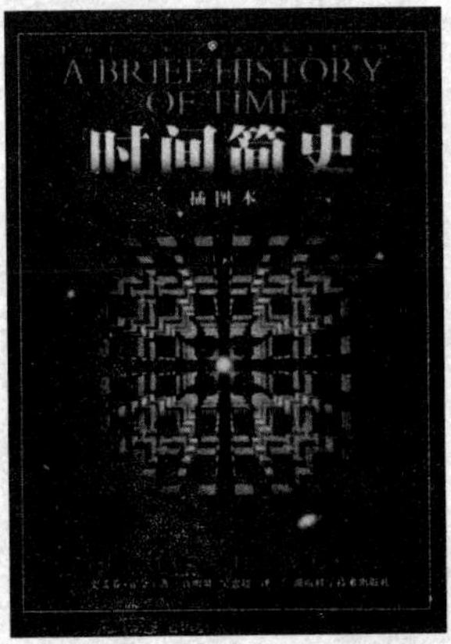

《时间简史》插图本

史蒂芬·霍金的《时间简史》使儿童的好奇与天才的智慧相融合。我们在霍金的宇宙中遨游，同时为他的头脑而惊叹。

对《时间简史（普及版）》的权威称赞：

“迷人而清澈……光辉四射的巨著。”

——《纽约客》

“童真好奇与天才智慧的结合。当我们领略霍金宇宙之际，为他精神的瑰丽所惊异。”

——《伦敦星期日时报》

“既生动活泼，又发人深省……霍金无疑具有教师天赋。”

——《纽约时报》

“当代物理学家关于宇宙构成以及演化理论的权威性总结。”

——《华尔街时报》

《上帝掷骰子吗》

中文版封面

☞ 作者：[英] 伊恩·斯图尔特
(Ian Stewart)

☞ 译者：潘涛

☞ 推荐版本：上海远东出版社 1995 年版

作者简介

伊恩·斯图尔特生于1945年，曾任英国诺丁汉大学经济学讲师，后任沃里克大学数学学院讲师、数学教授。他于70年代发表《伽利略理论》，还与波士顿合写过《突变理论及其应用》。他是《科学美国人》杂志著名的“数学游戏”专栏的主笔。并经常为《发现》、《新科学》等科普杂志撰稿。伊恩·斯图尔特还在美国、加拿大和英国的电视台、电台宣讲数学知识，是一个高产科普作者，主要

伊恩·斯图尔特

作品还有《自然之数——数学想象的虚幻实境》等。

成书背景

斯图尔特作为数学领域的科学家，一直致力于数学思想的传播。1989 年，英国《新科学家》杂志开设“混沌”专栏，斯图尔特发表“混沌之画像”一文，指出“混沌是振奋人心的，因为它开启了简化复杂现象的可能性。混沌是令人忧虑的，因为它导致对科学的传统建模程序的新怀疑。混沌是迷人的，因为它体现了数学、科学和技术的相互作用。但混沌首先是美的。这并非偶然，而是数学美可以看得见的证据；这种美曾被局限于数学界的视野之中，由于混沌，它正渗透于人类感觉的日常生活中。”

混沌学逐渐被学术界认可，关于混沌的书籍也开始大量流行，混沌思想也开始被普通大众接受。在这样的学术和出版的背景下，斯图尔特将他对混沌学的研究和理解集结成册，写成《上帝掷骰子吗》一书，迅速成为最有影响力的著作之一。

内容精要

彭加莱是法国著名的数学家，他精通数学领域，较早涉及混沌领域的研究。他 1854 年生于一个南锡的普通家庭，在他 33 岁的时候，当时的瑞典国王悬赏 2500 法郎征求“太阳系是否稳定”这个问题的答案。彭加莱励精图治，终于在 1890 年，经历了 3 年的时间，攻克了这一难题。彭加莱在他的论文中，通过运用动力学方程、牛顿万有引力作用下的任意多体问题，解决了微分方程周期解的存在性问题。

运用牛顿方程，我们可以推测出二体系统的准确轨道，但对

彭加莱

与三体系统，牛顿方程却美誉准确解，虽然彭加莱已经注意到，逼近方法对开头几项外的序列无效，但没有继续深入下去。彭加莱很可惜地与混沌学擦肩而过。

对混沌学的研究，还有过这样一个著名的实验：“水龙头实验”。研究者们把麦克风放在水龙头下面，记录水滴滴落的时间间隔，并把这些时间间隔画在图上。研究者们预期，这些时间间隔应该是不规则，但当他们记录下4000多个水滴后，发现在起初的不规则中，渐渐显露出了规则。水滴一滴一滴地掉落，具有一定的规律，但当水龙头拧大后增加水流，水滴连在一起掉落，反而没有了规律。假设水流继续增大，就会出现流体动力学中的层流和喘流。

斯图尔特对微观和宏观对应的看法是，采用新技术重正化来重复放大整体越来越小的部分，寻求自相似物体或过程的无穷小极限结构的方法。例如，将宇宙学中的长度单位光年和微生物学中单位微米放在一起，就可以采取上述方法来解决。

所谓分形，即一些特殊物质，在“大范围标度上连续展示精细结构”，如把圆放到足够大，就变成无特征的直线。分形物体具有自相似性，如科克雪花和海岸线。学者认为“定性就是定量的不足。”分形的定量无法测量，比如我们说雪花曲线是一又四分之一维，就很难让人理解。分维是几何学领域的一项新发展。

天文学上，总会出现令人费解的谜团。比如土卫七的不规则翻转。土卫七是土星的一颗卫星。它的轨道是规则、精确的，但它在轨道中的方位角却是不规则的。科学家用一个绕最长轴旋转的适当的椭球作为土卫七本身的模型，并“假定这轴垂直于轨道平面”进行实验。通过计算机的精确计算，最后可以确定的是土卫七的空间方位角几乎可以取任何值。天文学上的还有一个谜团：小行星带的空隙，即小行星在距太阳某处距离出形成星群，在另一些距离处则留出空隙。科学家们就发现在木星与小行星的某些周期比的共振处存在柯克伍德空隙。

影响和评价

斯图尔特作为数学领域的科学家，一直致力于数学思想的传播。《上帝掷骰子吗》的论题是“叙述一个这样的螺旋环：混沌让位于秩序，秩序又产生新形式的混沌。我们不求破坏混沌，而图驾驭混沌”。为了达成这个写作初衷，作者在书中深入浅出地介绍深奥的数学思想，并穿插很多有趣的插图和名人肖像，图文并茂，既具有科学价值，也具有珍藏价值。

对混沌学领域，很多人都处于“知而不解”的好奇中，相关的科普读物能给读者以启迪。但众多评论家都向公众推荐两本普及性读物：格莱克的《混沌：开创新科学》和斯图尔特的《上帝掷骰子吗?》。梅（Robert Mary）在《自然》杂志上发表评论“两本书在对外行以一种有吸引力的、准确的和易于理解的方式表达复杂的素材方面，都做得很出色。它们都表现了混沌主题的魅力。格莱克多着墨于个人，……斯图尔特的书更着力于科学本身而不是人。”

《器具的进化》

☞ 作者：[美] 亨利·佩卓斯基（Henry Petroski）

☞ 译者：丁佩芝，陈月霞

☞ 推荐版本：中国社会科学出版社 1999 年版

中文版封面

作者简介

亨利·佩卓斯基是美国著名的土木工程学教授。1942 年生于纽约，就读于曼哈顿学院和伊利诺斯大学，获博士学位。自 1980 年以来，任杜克大学土木工程学教授，佩卓斯基主要从事建筑工程学应用力学的研究工作，并获得很多奖项和荣誉，如 Sigma Xi 科学研究奖（1968 年），曼哈顿学院杰出工程学毕业生称号（1990 年）。

亨利·佩卓斯基

成书背景

从历史的纵向来看，我们所用的器具随着时间的推进不断变化。很多物质都与十年前、百年前的模样相去甚远；从空间的横断面来看，不同国家的人民所用的器具也差别很大，具有相同功能的器具形状迥异。为什么会有这样的变化呢？

佩卓斯基发现了这个有趣的问题，并且力图解决这些谜团。出于这个目的，开始着手写作《器具的进化》一书，探索创造过程的本质。《器具的进化》是作者另外两本书的延续《设计是人类的本性》（To Engineer is Human），另一本是《铅笔》（The Pencil）。这本书从文化、政治及工业制造和科技的角度追溯单件器具的演进过程。而《器具的进化》这本书中，佩卓斯基更像一个眼光犀利的鉴赏家和美学家，审视日常生活中的器具，并探寻它们的发展历程。

《器具的进化》这本书，最早由美国阿尔费莱德·克诺波公司在 1992 年出版，中文版则 1999 年进入中国。

内容精要

无论什么物体都有缺点。没有完美无缺的东西。正是因为这些缺点，我们才有了发明改进的动力。佩卓斯基以锤子为例，来证实这个道理。用来盖油漆罐的锤子，为了不使盖子被敲弯，它的锤子头需要又宽又平；用来钉地毯的锤子，为了不把钉子钉弯或者把护壁板敲坏，锤子头最好又细又长。为了把弯曲的遮泥板扳回原来的弧度，最好不要选择太大太平的锤子，锤子头就好像一个球一样，这样就合适得多……如果我们想把 500 种工作完成得很出色，那么最好找到一把锤子的500种缺点，然后发明500种以上的不同锤子。

发明家无论具有什么不同的背景或者发明动机，都有一个共同点就是不断发现事物的缺点并且不断寻求改良的方法。一个杰出的发明家，决不会说出“这已经够好的了”之类的话，在他们的眼中，永远有改进的空间。他们乐观并且执著于这项事业当中。马尔文·卡姆拉斯是一个热爱研究发明的芝加哥人。他拥有了多达500种的电讯专利品。他在谈到发明家共同的特点时说：“他们对周围的事物容易感到不满，当我发现一样东西不好用，就开始思考改良方法。这就是我的发明动机。很多东西对我而言都不好用，我喜欢把事物简单化。”

发明家的本质就是对现象不满，他们需要寻找更加满意的方式来解决问题，他们热爱变化。当然，寻求改良之道并不是一件轻而易举的事情。爱迪生就说：成功是10%的灵感加上90%的汗水。爱迪生在发明灯泡时，虽然也是出于灵感，但是做了无数次的实验，才寻找到合适的材质——钨丝。

创造新的器具，是为了实现以前工具不曾具有的功能。但实现这种功能的途径却不是仅有一种。在设计上，不可避免地存在多种解决问题的方法。但在最后分析阶段，经过各种方法的折中，最终的设计可以同时满足设计者和使用者的需求。书中举了一个非常有趣的例子。19世纪末期，曾出现过一个奇特的陶器——迷罐。这个迷罐有突出的管子、中空的手把和隐藏在罐里的水道，设计者设计出了很多不同形状的罐子，但所有罐子都有一个共同的特点——无论饮水人怎么喝，都会把水溅出来。

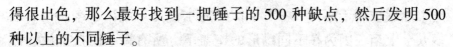

电灯泡

这个迷罐被用于赌博——看谁能喝完水但是不溅出水来。当然很多人会上当，因为在不同罐形的掩盖下，所有罐子的根本设计都是一样的。

影响和评价

佩卓斯基在土木工程领域，颇具建树。曾发表《铅笔》和《设计是人类的本性》等著作。《器具的进化》是著者面对普通读者，对日常器具进化的过程进行详细分析，用深刻带有幽默的语言来启迪人们的创造性。

《铅笔》的作者佩卓斯基，满带喜爱和敬畏地谈论我们日常生活中的各种器具，从餐具、别针到拉链，读来令人眼界大开，意趣盎然。

——纽约时报

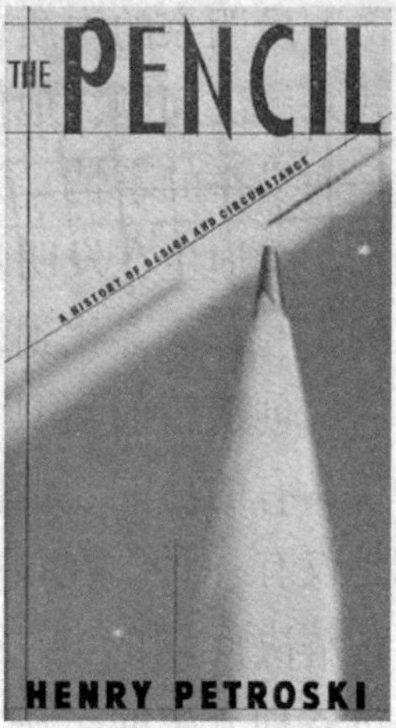

佩卓斯基的另一本著作《铅笔》的英文版封面

佩卓斯基通过一双鉴定家的眼睛，检视了我们生活中那些最简单的器具，读来令人惊喜。

——华盛顿时报

佩卓斯基的好奇心被工业设计中的一个关键的问题驱使：是否在器具的进化过程背后存在一个简单的指导原则？如果有的话，是什么？

——读者评论

《魔鬼出没的世界》

☞ 作者：[美] 卡尔·萨根
(Carl Sagan)

☞ 译者：李大光

☞ 推荐版本：吉林人民出版社 1998 年版

中文版封面

作者简介

卡尔·萨根，1934 年生于纽约布鲁克林市，天文学和天文物理学博士。曾在哈佛大学执教，为康奈尔大学正教授。

卡尔·萨根

卡尔·萨根被称为“当代最伟大的科学家和科普作家”，他作为宇宙生物学的创始人和开拓者，一生致力于研究事业，获得了很多为世界瞩目的成就。卡尔·萨根的研究领域主要为金星的温室效应、火星的季节更迭、外星球智能生命的探索、地球生命起源，以及原子战争所造成的环境影响等。

卡尔·萨根曾担任美国天文协会行星科学学会、地球物理学会联合会行星研究会、科学促进协会行星学会的主席，这些组织为寻找外星智能生命、研究地球附近行星的科研项目提供帮助。卡尔·萨根对宇宙科学的突出贡献，也为他带来多项荣誉。他因参与美国航天局“航海者”、“旅行者”、“伽利略”等宇航探险计划，荣获美国航空航天局的“特别科学成就奖”和“阿波罗成就奖”；由于他在原子战争的影响、反对核武器方面的做出了杰出贡献，分获“约翰·F·肯尼迪太空航行奖”、“探索者俱乐部第75届年会奖”、“康斯坦丁·柴可夫斯基奖”、“美国国家科学院最高奖”等等。

卡尔·萨根不仅是著名的科学家，还是伟大的科普专家，一生著书很多，主要有《宇宙》、《伊甸园的飞龙》、《无人曾想过的道路：核冬天和武器竞赛的终结》、《被遗忘的前辈的影子》、《宇宙中的智能生命》、《彗星》、《浅蓝色的点：人类在宇宙中的未来之展望》等30本书。其中《宇宙》曾在《纽约时报》连续70周成为最畅销书。

成书背景

《魔鬼出没的世界》是萨根晚年写作生涯最后阶段的重要作品之一。可以说，这本是萨根对自己科普写作所做的简单全面的整理和总结。在书里，萨根将他一生所收集到的伪科学资料呈现给读者，阐释科学的特征和本质，以及科学和日常生活间的关系。萨根作为科学的卫道者，向大众传播正确的科学观点和思维方式，以帮助读者张重新审视科学为己任。

萨根在这本著作中分析了各种和人们的生活紧密相关的伪科

学现象和非理性行为。萨根用第七章的标题“魔鬼出没的世界”作为全书的标题。他用“魔鬼”一词来泛指人类历史上各种反科学反理性思维的行为和思想。“魔鬼出没的世界”这个短语也成了全书的主题依托，从而引出全书的精神核心——科学。他对“魔鬼”的揭露和分析，源于他对科学的尊重和热爱，对人类理性的信任。当然，为了更深刻地揭露“魔鬼”，萨根还对科学本身进行了一次外科手术般的剖析——为了更好地应对敌人，只有先完全了解自己。

萨根享年62岁，在他生命的最后两年与骨髓癌进行了顽强的抗争，生命末期完成了《魔鬼出没的世界》这本书。在萨根去世的那一年，由兰登书屋出版，它的问世很快成为广为读者推崇的优秀科普读物。

内容精要

人类创造文明，文明诞生于科学的发展。科学在事实的基础上，却发明出与我们所认为的事实不同的东西。科学以一种开放的姿态鼓励我们接受新思想和新事物。科学的理性发展需要我们进行不断的自我批判，如果放弃了这种精神，我们很容易就成为伪科学的俘虏。科学解答了人类的起源问题，向我们揭示了星球、宇宙、生命的奇观，当我们看到这一切时，都大吃一惊。从科学的长期发展过程来看，科学告诉我们，人类来自何处、何时来到地球以及人类的生存方式如何。

古代人相信鬼神的存在，那时的人们认为，鬼神是真实存在于自然界的。即使至今我们仍然习惯把地狱称作魔鬼群居的地方。基督教路德宗的创始人马丁·路德说自己常常和鬼交流。科学制造出太空飞船，却有一批人声称神或上帝乘坐UFO来到地球。甚至有人还说，天上生活着超人类，他们会穿墙术，在人身上进行生殖实验。萨根对这些说法抱有疑问：如果真的有外星人，为什么太空飞船发明之前，没有外星飞碟的报道？如果确有外星人绑架地球人的事情发生，为什么没有挟持者拍一张飞船内部结构的照片，或者带一些地球上没有的可证实信息？

科学的发展的领域中，都会伴随产生不同的伪科学。比如，地球是由斧子砍凿成型的、地球上依旧有猿人生活、恐龙并没有灭绝、《圣经》可以用来解释生物进化过程等等。伪科学与真实科学交叉，很容易使人类的知识混乱。萨根对最近常出现的“月球上的人和火星上的人脸”的伪科学学说进行解释。他认为，这是人类自己的视觉幻想造成的。根据对火星原始照片的仔细观察，那些“鼻孔”实际上是无线电信号在传输过程中丢失的数据留下的黑点。如果通过数字处理技术提高阴影部分的对比度，我们会发现火星上的人脸是自然形成的东西，而非人造的。

伪科学之所以在人群中大行其道，关键的原因在于很多人对科学的无知。即使哥白尼学说已经产生了长达四个半世纪，依然有人认为地球是宇宙的中心。那么为什么科学家不致力于科学的普及，让更多人摆脱伪科学的骗局呢？很多科学家并不擅长科学的普及，他们很难摆脱专业词汇的束缚，他们更习惯与同事谈论深奥的专业用术语。萨根认为，科普的意义就在于能够点燃人们对科学的好奇心，不必对科学发现做全面深刻理解，只要简单正确的认识讲究已经足够了。

原著中的插图

“本书是我的个人坦白，向你们讲解我对科学终生的爱情故事。”

——摘自原文

影响和评价

萨根被誉为“科学的形象大使”，是20世纪最有影响的人物之一。他一生写有多部影响广泛的优秀科普著作。他创作了《魔鬼出没的世界》一书，以揭示伪科学的本质。《魔鬼出没的世界》探讨了伪科学和非理性问题，从科学的卫道者的立场解释了科学的特点和本质、科学和日常生活之间的关系，剖析并批判了那些长久以来人们生活里出现的赤裸裸的谎言，揭露了种种敌视科学、借科学知名对公众进行欺骗和愚弄的行为和反科学思想。

萨根以真诚、坦率的方式直面自己曾经在科学上犯下的武断、轻率的错误，如凯伊·戴维森所说，萨根在《魔鬼出没的世界》“做了一件在科学家中很少有人做到的事”。由于萨根在科学上敢于自我批评、真实勇敢的态度，受到了很多科学家、普通群众的尊重，并以他高尚的科学家形象，为自己在科学领域树立了丰碑。康奈尔大学荣誉校长弗兰克·H·T·罗兹曾评价萨根为“尊敬的科学家，献身的教师，优秀的解说员，宇宙的指引者，尊敬的同事，康奈尔人的典范”。

《魔鬼出没的世界》英文版封面

作为一个天才的学者和研究人员，卡尔·萨根激励了数以千计的人，使他们敞开思想，探索科学和自然界的奇迹。他通过自己的著作和电视作品将科学的发现给人类带来的愉悦和挑战送入美国和世界各国数以百万计的家庭。他有效地用自己的才能为公众谋福，使自己成为不仅是行星探索，而且是地球环境保护的有力的推动者。

——美国康奈尔大学校长　亨特·R·罗林斯

《伊甸园之河》

☞ 作者：[美] 理查德·道金斯
(Richard Dawkins)

☞ 译者：王直华，岳韧锋

☞ 推荐版本：上海科学技术出版社2008年版

中文版封面

成书背景

道金斯一生智力于阐释和碳素具有无限魅力的达尔文进化论。在《伊甸园之河》这本书里，著者以现代生物学的角度解释生命进化的过程。

20世纪基因的发现，开启了生命科学的大门。随着科学家们孜孜不倦的研究，我们逐渐认识到，基因是人类生命的起源。在基因之河中，原子撞击发生复制现象。随着时间的推移，生命逐渐成形、进化。在今天的自然界，各类动植物之所有具有独树一帜的特征，源自于基因的复制延续，使得后代保留了祖先的遗传特性。

在这样的生物学发展的背景下，美国约翰·布罗克曼公司组织世界著名科学家分别编撰，科学的前沿问题。道金斯的这本《伊甸园之河》就是应邀之作，后在1994年的《科学大师佳作系列》丛书中推出。

内容精要

基因之河，是DNA之河。在这条河流中，有关生命的信息被复制、遗传。随着时间的流淌，生命产生。

现在生活中使用的激光唱机、计算机和电话系统，使用的都是数字信号。它替代了早期的模拟信号。模拟信号在不断复制的过程中，就会显现很大缺点。比如我们复录了100遍磁带之后，就会听带里面嘶嘶啦啦的杂音。数字信号，避免了这种“误差”。我们可以借助一定的装置使信号得以改善，进行完美的复制。

对生物学中的基因结构来讲，也是彻底数字化的信号。基因像数字式的代码一样，可以被编译、再编译和译码，而且保真性很高。达尔文进化论认为，基因的复制过程完美无缺，自然选择决定变异或保留。而数字式的基因系统将使得达尔文的进化论在地质时代中更具有说服力和理论意义。

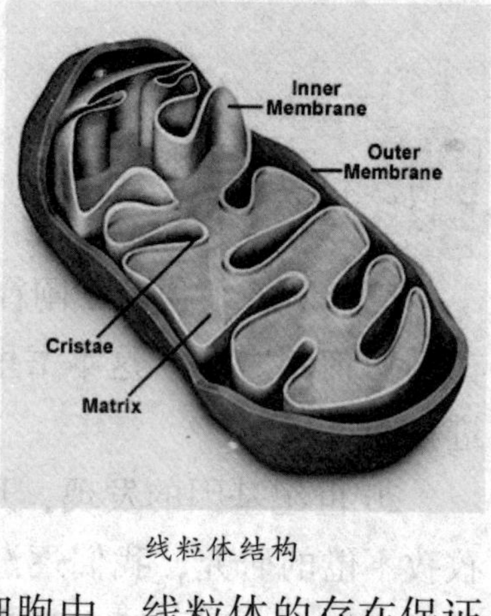

线粒体结构

线粒体充满在我们身体里的每个细胞中。线粒体的存在保证我们能够活下来。它们有着复杂的膜结构，可以进行精确的链式反应。源自食物分子的能量在控制下一步步得被释放出来，并以再利用的形式被储存下来，应用于以后需要的地方。这些线粒体的从哪里来的？在20亿年前，线粒体的远祖是独立生活的细菌。

后来，生活在较大细胞中。细胞是由数千个细菌组成的群落，在细胞里生殖。而人都是数以百万计的相互依存的真核细胞群落。线粒体仅有一个单环染色体。通过分裂来增殖，分裂后的子线粒体与原有染色体一模一样。

我们生活的自然界，各种各样的动植物们，五颜六色，特性迥异。这样形形色色的生物世界都因为DNA的存在而发生。树林里的树之所以长得高，是因为比其他树高，可以获得更多的太阳光。自然选择如果偏爱长得略高的树，这样生长的赌注就会押在长高的变异个体，这样其他树木开始跟随，树林里的树木越长越高。

人类有一种很可爱的倾向，认为福利就是集体福利。如果自然选择作用在某些自私的个体，人们把这些归因于“上帝的实用功能”。有时候，基因可能完全利他的自我牺牲，来实现基因最大限度地增加自私的福利。但是集体的福利总是一种偶然现象。

影响和评价

道金斯在《伊甸园之河》这本书中，将生命进化过程比喻为一条基因之河，基因在时间长河中相互碰撞、混合、重组。这本书图文并茂、通俗易懂，读来饶有风趣。道金斯作为享誉世界的科学家和科学普及作家，他的这一力作堪称上乘之作，内涵丰富、深入浅出，并融入了科学发展的前沿观点。

《伊甸园之河》为美国约翰·布罗克曼公司在1994年推出的一套反映世纪之交科学前沿问题的《科学大师佳作系列》丛书之一，在世界20多个国家和地区发行。道金斯致力于阐述和探索具有无限威力的达尔文进化论原理，这本书恰恰秉承了他的精神，以现代物生物学的观点解释了生命进化过程。

《数字化生存》

中文版封面

☞ 作者：[美] 尼古拉·尼葛洛庞蒂
(Nicholas Negroponte)

☞ 译者：胡泳，范海燕

☞ 推荐版本：海南出版社 1996 年版

作者简介

尼古拉·尼葛洛庞蒂

尼古拉·尼葛洛庞蒂，被誉为“电脑和传播科技领域最具有影响力的大师之一”。1966 年获得美国麻省理工学院教授席位。以后数年，先后在耶鲁大学、密执安大学和加州大学伯克利分校执教。1985 年，尼葛洛庞蒂受当时麻省理工学院院长罗姆·魏斯曼的支持，建立数字媒体实验室。1992 年，他参与《连线》杂志的创办，并长期在这份杂志上发表实验研究报告。1996 年 7 月被《时代》周刊列为当代最重要的科学家之一。

成书背景

《数字化生存》一书是当时尼葛洛庞蒂在《连线》杂志上发表的文章集录。在这些文章中，尼葛洛庞蒂大力宣传自己的实验室和科研成果。尼葛洛庞蒂极富文采，文风幽默生动，杂志中深入浅出地介绍数字化技术，充满了非专业书籍的魅力。

《数字化生存》出版于1995年，在这本书中，作者大胆预测了数字化技术和应用的未来发展。自出版距今十几年的时间里，他的很多预言都得到证明。比如人性化的输入设备、虚拟化的现实设备、一体化的家电平台、智能化的数字反馈等等，现在都得到了大规模的推广。

《数字化生存》一书在1996年进入中国。当时引入后，很多出版方并不认为这本书将成为一本影响很多读者的畅销书。当时的海南出版社的苏斌，发现了这本书的精妙之处，并对尼葛洛庞蒂的一句话感触颇深："计算不再只和计算机有关，它决定我们的生存。"经过几经磋商，苏斌将原版"Being Digital"翻译为"数字化生存"，加强书名本身对读者的精神冲击，同时出版过程中通过对书目的加工和推销的策划，《数字化生存》成功出现在中国读者面前，受到极大好评。

内容精要

传统世界贸易费时费力而且价格昂贵，未来必将被电子数据传输所取代。尼葛洛庞蒂预言，未来我们将生活在比特时代中。所谓比特，是指没有颜色、大小和重量，像DNA一样，是信息的最小单元。在比特时代，我们可以通过视频点播、利用有线电视频道传送电子游戏……媒体世界将面貌一新。我们逐步走入一个无线带宽的时代，从电话铜线、光纤到无线电频谱，我们以更快速的方式来传播比特。

比特时代中，数字电视成为主流，我们可以在一台机器上享受完美的视听效果。多媒体更像一本书，我们可以在床上阅读……

未来电脑界面的设计发展方向，将实现智能化。电脑界面设计始于1960年，美国研究员杰·西·里克莱德主持了有关“人与电脑再生”和“窄播”的研究；1971年，美国施乐公司开始研究GUI（即图形用户界面），后十年，苹果电脑公司在此方面的研究一直处于领先地位。对与电脑界面设计如何走向智能化，尼葛洛庞蒂提出，未来的人机界面将根源于“授权”，而不是直接控制，不仅仅让机器达到简单操作的境界，而是让机器学会帮人做事。未来的电脑应该像一位“老练的老管家”，具有了解人及周围环境的功能。

1968年，虚拟现实技术诞生。虚拟现实能使人造事物更真实。它的原理在于，通过让眼睛接收到在真实情境中才能接收到的信息，使人产生身临其境的感觉。

功能强大的电脑

后信息时代不再有地域的限制，数字化生活也不受时空的阻隔，后信息时代中，人们在互联网上娱乐，网络社区成为日常生活的主流，我们可以通过选择电视频道来选择自己喜欢的视频。在数字化生活中，我们将从游戏中学习，不再受视听设备和远程教学的局限，孩子们通过电脑提供的多姿多彩的学习环境来达到学习的目的。

在数字化生活中，我们甚至可以将电脑带在身上，会出现很多我们现在无法想象的数字化装置：可以食用的光盘只读存储器、可以供人居住的电脑等。未来，电脑可以帮我们处理一切事情，比如做饭、购置汽油等等，甚至汽车里可以装上数字化设备，帮助我们处理驾驶问题。

数字化生活具有分散权力、全球化、追求和谐赋予权力这四大特征。传统的中央集权的生活观念已经过时，民族国家本身也将受到巨大冲击，迈向全球化；人类不再受国界的限制自由往来；我们充分享受数字化时代中的“授权”优势，未来将超出现在我们所有的想象。

影响和评价

1996 年，互联网的概念引入中国，《数字化生存》恰逢其时，也进入中国。对当时的中国普通百姓而言，对互联网知识尚处于蒙昧状态。这本书的出现，填补了这一领域的空白，带给中国读者极大的震撼。《数字化生存》所描述的未来数字化生存的方式，令人惊叹。作者富有幽默品质的文风和犀利深刻的笔触，都带给读者深厚的兴趣。

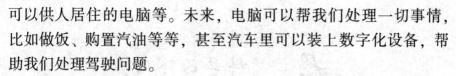

《数字化生存》英文版封面

《数字化生存》英文版一经出版，就成为一部畅销的科学普及著作，曾高居《纽约时报》畅销书排行榜。尼葛洛庞蒂也因此书，被美国《时代》周刊列为当代最有影响的未来学家之一。

《数字化生存》一书使人眼界大开，它对于通信产业相关的人都是必读之书，尼葛洛庞蒂提供了对数字化的未来深入精辟的见解和令人吃惊的预见。

——英国作家　道格拉斯·亚当斯

《科学的终结》

☞ 作者：[美] 约翰·霍根
(John Horgan)

☞ 译者：孙雍军

☞ 推荐版本：远方出版社 1997 年版

中文版封面

作者简介

约翰·霍根，《科学美国人》的资深撰稿人、科普类高级记者。1983 年毕业于哥伦比亚大学，曾两度获得美国科学促进会新闻奖，一度荣获美国科普作家联合会科学与社会关系促进奖。

约翰·霍根

霍根作为知名的科普作家，曾多次发表文章，在《纽约时报书评》、《新共和》、《发现》、《新科学家》、《科学》、《集萃》等杂志上经常能看到他的作品。

成书背景

20 世纪末，易解问题构成逐渐解决，随之而来的是有关宇宙之谜、生命起源等等真正难题的出现。牛顿世界中的常识性知识已经被广泛证实，但量子力学、超弦理论等神秘莫测的领域却让科学家们陷入更深刻的思索中。科学看来似乎没有边际。

科学的研究是无限的，还是像人类一样存在终点？霍根认为，“科学发现的伟大时代已经过去了”，关于“宇宙以及我们在其中的位置”的终极的、根本的、纯粹的真理，已经被描绘出来。“将来的探索已不可能再产生什么重大的新发现或革命了”，他说，“只有渐增的收益递减”。

霍根为了对这一主题进行深入探索，采访了多位科学家，如斯蒂芬·杰伊·古尔德、罗杰·彭罗斯、史蒂文·温伯格、丹尼尔·丹尼特、斯图亚特·考夫曼、马文·明斯基、约翰·惠勒等。通过与这些科学家和思想家的深入交谈，霍根对广泛的科学领域有了深刻的把握。他在《科学的终结》这本书里，提纲挈领、深入浅出地介绍了过去二十年里的重大科学发现。

内容精要

史学家伯里认为，人类进步的概念最多不过几百的历史。早期罗马帝国时代到中世纪，科学家持有一种堕落的历史观，后人只能掌握柏拉图、亚里士多德等学者智慧的边角。直到牛顿、培根、笛卡儿等科学家的出现，科学史上的成就才出现突飞猛进的发展。霍根认为，随着达尔文的出现，一些研究者认为进步可能是“永恒”的。但这种无限进步观正受到科学技术的负面效应

（如环境污染、核污染、大量杀伤性武器）的影响。

20世纪出现了一个奇异的悖论：科学的非凡进步，既导致了我们能够认识应该认识的一切这一信念，也孕育了我们不可能确切认识任何事情的疑虑。于是英国物理学家西奥查理斯发文批判了那些怀疑科学不能获得客观知识的哲学家。霍根采访了其中的三位“真理的背叛者”——波普尔、库恩、费耶阿本德。霍根认为，这三位学者各自按照自己的理由，用自己的方式批判了对待科学的这种谄媚态度。在一个科学已占据优势地位的时代，哲学的最大作用是作为科学的否定力量，给科学家们注入怀疑精神。

原著中的插图

理查德·费曼曾对物理学的未来给出了极为灰暗的预测。基本定律被发现以后，物理学家艾会屈尊为二流思想家——哲学家。霍根认为，费曼的话指明了物理学领域研究的症结，但他的唯一错误是，要使哲学家成为圈内人的时间是在千年后，而非几十年后。

科学家在探索宇宙知识方面，能力也有限。天文学家马丁·哈威特指出，天文学家不像科学中那些更具有实验性的领域，从本质上来说他是被动的。在改进观测技巧的基础上，他估计了过去和未来宇宙学方面新发现的增长速率。到2200年，已有发现将占到全部可能发现总数的90%，在以后的几百年中，人们逐渐完成剩下的发现。

科学的进步，归因于科学的保守主义，即它坚持有效性的高标准。生物进化论的挑战者斯图亚特·考夫曼指出，科学的保守主义相当于生物进化中的保守性。生物进化的历史也激励抵御着变化。不仅是科学，其他科学都有一种随时间推移保持“坚定不移”的倾向。

反讽科学的一类实践者认为，他们自己更像一位艺术家或文学批评家，而不是传统意义上的科学家。人类学家格尔茨指出，社会科学作为一个学科，在相当长的时间里，只能满足于模糊而空泛的状况。霍根通过访谈和思考，认为反讽的社会科学也许不能带给人类结论，但至少可以产生让人高兴的话题。

影响和评价

在《科学的终结》这本书里，霍根用通俗的笔触，介绍了过去二十年里的重大科学发现，甚至包括像超弦理论、拓扑、复杂性中的混沌等这样复杂深奥的理论。

这本书一出版，就引发了很多争议，甚至成为脱口秀节目的话题。哈佛大学的著名社会科学家威尔逊就称，此书是一本“肯定会引起争议”的著作。对霍根在书中的结论，科学界给出的评论褒贬不一。物理学家史蒂文·温伯格对霍根的观点持反对态度，但是表示理解；而戴维·施拉姆就直接驳斥书中的观点是“一派胡言”。甚至连一向严谨的《科学》杂志也对该书做出公允的书评：在肯定科学是否已经终结是个“大问题”之后，提醒读者书中的主题非常冷酷，同时对霍根在书中所提到的名人也有批评意见。

《科学的终结》英文版封面

《皇帝新脑》

☞ 作者：［英］罗杰·彭罗斯
(Roger Penrose)

☞ 译者：许明贤，吴忠超

☞ 推荐版本：湖南科学技术出版社 2007 年版

中文版封面

作者简介

罗杰·彭罗斯是当今最受推崇的数学家兼物理学家之一，能以精深的数理来推论宇宙间的一切事务，被誉为当代世界上最博学和最有创见的数学物理学家之一。他1931年出生于英国埃塞克斯州，其父为著名的人类遗传学家莱昂内尔·彭罗斯。从小彭罗斯对宇宙生物就有浓厚的兴趣。在求学过程中，彭罗斯也算得一帆风顺，他毕业于伦敦大学学院，并获得剑桥大学博士学位。

罗杰·彭罗斯

1964年彭罗斯提出一种观点，即磁扭线理论的新的宇宙理论，用复数公然反对物理学的一些主要定理。1965 年，他发表了著名论文《引力坍塌和时空奇点》，并与著名著名数学物理学家史蒂芬·霍金一起创立了现代宇宙论的数学结构理论。由于他对天文学的杰出贡献，于 1975 年与史蒂芬·霍金一起被授予伦敦皇家天文学会艾丁顿奖。

成书背景

《皇帝新脑》1998 年首次出版，是 20 世纪 90 年代最优秀的科学著作之一，体现了当代科学家对哲学上最重大的问题之一“精神——身体关系”挑战的大无畏精神。《皇帝新脑》内容广泛，涵盖了电脑科学、数学、物理学、宇宙学、神经和精神科学以及哲学等多方面领域。这本书的出版引起了学术界的高度重视，剑桥大学前年曾为它专门召开了一次学术会议。

《皇帝新脑》对传统科学形而下学的范畴做了严肃的挑战，首次尝试形而上学。这本书的出现，打破了还原主义的论断。例如人工智能专家曾认为，电脑最终能代替人脑甚至超过人脑。但《皇帝新脑》对这一断言提出质疑，它研究了什么是智慧，电脑具有智慧吗，是否存在一个“遗世独立”的柏拉图观念世界，时间和它的方向的起源，宇宙的大统一理论，科学创造的美学动机，宿命论和自由意志等等。这本书带给读者的益处在于，虽然人类要彻底解决这些问题还是非常遥远的事，但是一切有志创造者都可从这部洋溢着探索真理的激情的灵感的巨著中汲取大量营养。

内容精要

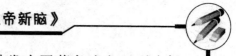

日新月异的电脑技术，帮助我们实现思维的价值。我们超越

了体力上的限制，打破了空间的局限，但是电脑真的能取代人脑吗？思维是什么？思维的功能在何种程度上依赖身体结构？精神能否完全独立于这个结构？彭罗斯帮助我们解答这些问题。他认为，我们之所以不能物理或逻辑的掌握“精神”的概念，是因为对物理基本定律缺乏认识。彭罗斯在书中，引述了量子力学的结构和基础、狭义和广义的相对论、黑洞、大爆炸、热力学定律、电磁现象以及牛顿力学的基本特征。

物理世界独立于我们而存在，经典世界不因我们的观察方法而改变，我们人类自身也是世界的一部分。19 世纪最初的 25 年中，经典物理的描述与世界的实际行为发生了偏差，这时，需要量子理论这个精确却神秘的理论来解释。量子理论是许多常规物理现象的基础。比如，物质的强度、化学性质、颜色、沸腾现象、遗传的可能性等等。彭罗斯说，也许我们的意识，也是来源于那些在实际上制约我们居住的世界的物理定律的某种奇怪的美妙特征的性质。

原著中的插图

人们对头脑的状态和意识现象的关系有许多不同的观点，即头脑的所有部分不是同等地牵涉到意识的呈现。但另一方面，大脑是否总能发现自己的活动这一点上却并不十分清楚。例如，人们行走，并不能感受到肢体、肌肉的细节活动，而这部分活动的控制主要来自小脑。神经外科医生怀尔德·彭费尔德认为，一个人的知觉不只和大脑活动有关。上脑干和大脑处于联络状态，只要脑干的这个区域和大脑皮层的适当区域处于直接联络的状态，或者那时候动作被有意识地

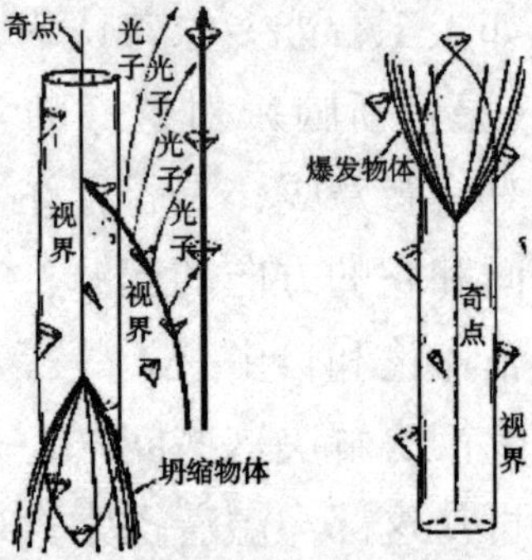

原著中的插图

发觉或唤起，则“意识知觉”或“有意识的意志行为”就会发生。对于意识的“所在处”，有些神经生理学家认为是网状形成，而某些人则认为是大脑皮层。很多哲学家和心理学家则认为，人类意识和语言是密切相关的。语言是人类具有意识的关键因素。

影响和评价

彭罗斯是当今最受推崇的数学家兼物理学家之一，能以精深的数理来推理宇宙的一切事物。他还曾担任牛津大学极为有名的罗斯·玻勒教学讲席。在探索未知的天文物理和数学领域中，他是当今领导者之一。他还与史蒂芬·霍金教授合作研究黑洞及引力，并于1988年共获沃尔夫物理奖。由他撰写的这本《皇帝新脑》还获得了1991年的科学书籍奖。他在书中力图解答人类最大的谜题：人脑是如何思考的？

——《芝加哥论坛报》

这本巨著航行于科学定律之间，重新衡量相对论和量子理论。作者提出他对现代物理及人工智能的新看法，建议人们必须彻底改变时间与空间的观念。

——《伦敦时报》

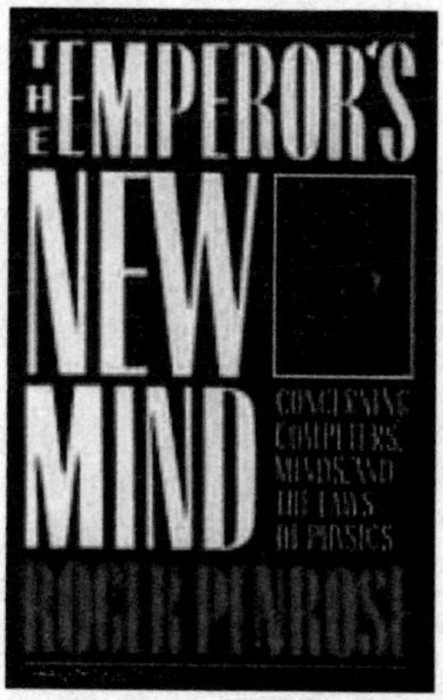

英文版封面

这是一本学者的精心杰作，它阐释科学论题的新方式令人眼前为之一亮。

——《科学周刊》

彭罗斯教授的《皇帝新脑》十分刺激……他的理论推翻科学传播而充满了深远有趣的推测！

——约翰·波金弘 剑桥大学皇后学院院长

作者以熟练的文笔向读者现实经典物理和量子理论的缺失，进而引导读者去了解人工智能和脑意识的研究。

——《守护者日报》

本书曾在《纽约时报》的畅销书排行榜上连续许多星期。读来引人入胜且激发读者的思想。

——《今日物理报》

此书可与最优秀的科学读物并列。不但告诉读者当今的科学理论，更提供读者未来科学发展的蓝图。

——《经济周刊》

《中国恐龙》

中文版封面

☞ 作者：甄朔南

☞ 推荐版本：上海科技教育出版社 1997 年版

作者简介

甄朔南

甄朔南，1925 年出生于河北省遵化市。1951 年毕业于北京大学。专攻博物馆学及古生物学。毕业后一直在北京自然博物馆工作，现为该馆古生物室研究员。曾发表守有关古脊椎动物学特别是恐龙方面的科研论文及科普文章多篇，撰写过一些专著及科普图书。由于在科研上的特殊贡献，1993 年被国务院授予政府特殊津贴。1990 年被中国科普作家协会授予新中国成立以来特别是科普作家协会成立以来成绩突出的科普作家荣誉证书。1999 年被国家科学技术部、中宣部、中国科协评为“全国科普工作先进工作者”，并发给荣誉证书。同年他写的《中国恐龙》被上述三单位联合推荐为“百年科普佳作选”的其中之一。

成书背景

恐龙生活在距今6500万年前，在生物进化史中占据非常重要的地位。对恐龙的研究，有助于了解有关生物进化、生物多样性、人类在自然界中的位置、生物与环境、人类保护环境的重要性等许多问题。

在20世纪70年代，世界各地掀起了恐龙研究热。无论新闻媒体还是出版界都开始出版有关恐龙知识的科普读物。但当时的图书大多只是单纯地介绍恐龙的形态和生活习性，描述的多是国外发现的恐龙，在介绍中国恐龙的发现与研究、特点与专家贡献方面的相关资料却非常少。而且不论我国已发现恐龙的数量，还是国内众多的读者数量，已出版的书籍都明显不足。基于这样的情况，作者希望能够出版一本“既通俗易懂、雅俗共赏，又相对来说能深入反映当前世界特别是我国恐龙研究新成果的图书”。恰好，上海科技教育出版社要出版一套“中国自然历史遗产”丛书，并向作者约稿。作者欣然应命。

作者抱着极大的热情花费近一年的时间，完成了这部《中国恐龙》。这本书含纳了作者近半个世纪对中国恐龙的研究成果，描述了在中国发现的在进化及分类上比较重要的恐龙以及保存完整的恐龙，并加入一些科学精神和与科学方法，介绍中国学者们严谨敬业的工作作风和学术精神。

内容精要

恐龙是一类生活在2.35亿年前至6500万年前的能用四肢支撑躯体、具有直立姿态的陆生爬行动物。最早发现于欧洲，之后在北美洲、亚洲、非洲、南美洲、大洋洲等地不断发现。1989年，甚至在南极洲也发现了恐龙的遗迹。也就是说，在地球上的所有大陆上，都存在过恐龙这种庞大的动物。

苍龙

众多恐龙名字怎么来的呢？根据国际动物命名法，按照国际通用的林奈双名法命名。命名所用语言为拉丁文，第一个字词是生物分类学上的“属”名，第二个词是“种”名，经过恐龙专家对恐龙骨骼、蛋化石和足迹的研究，发现恐龙的属、种都史无前例，因此特订立了新属、新种、新科，从而为各类型的恐龙进行命名。如杨氏鹦鹉嘴龙、巨型山东龙等。

恐龙的发现经历了一个漫长的认识过程。最早发现恐龙的是英国的一位乡村医生，吉迪恩·曼特尔。1822年的一天，曼特尔的妻子玛丽·安宁在修公路的沿途，在断裂的岩石上发现了一些化石并带回了家，曼特尔兴奋得发现这是一种人类还没有认识的动物的牙齿和骨骼，于是把这些化石寄给了当时著名的法国古生物学家居维叶，但被认定为是河马化石，曼特尔并不认同，后在

1825 年遇到一位博物学家，经过研究确认为是一种已灭绝的爬行类动物，并命名为禽龙。

滑齿龙

中国恐龙早期大都是在外国人的帮助下发现并研究的。1915 年，一位外国神父在山东发现了蜥脚类恐龙。我国地质学家谭锡畴在山东莱阳发现了鸭嘴龙化石，在 1929 年经维曼研究，定为谭氏龙。

从发现恐龙到现在，已经有 170 多年的历史了。研究恐龙的科学家们，一直在寻找恐龙的祖先，以弄清楚恐龙的演化过程。到目前为止，大多数恐龙专家都认为，生活在距今 2.35 亿年前（三叠纪晚期）的丁字龙、埃雷拉龙以及始盗龙是比较古老的恐龙。丁字龙是原始的，类似蜥龙类的恐龙，有 2 米多长。埃雷拉龙长约 5 米，动作敏捷，与丁字龙一样，是吃肉的恐龙。始盗龙体长只有 1 米，在牙齿和骨骼上都显示出原始特征，也是吃肉的。

恐龙在当时的地球上行动敏捷、精力旺盛。恐龙研究者们根据恐龙的骨架计算出体重，再根据脑量大小随身体的 2/3 次方而变动的公式得出数字，再进一步计算“脑量商”。历史上，有一种恐龙叫秃齿龙，算得上是最聪明的恐龙。秃齿龙用两条腿走路，前肢有三个手指，有很大的眼窝，智力高，反应快，能在黑暗中捕到蜻蜓。有专家甚至认为，如果恐龙不灭绝，说不定这种恐龙可以进化成像人一样聪明的动物。

影响和评价

目前，国内出版的绝大多数恐龙科普书，几乎都把重点放在恐龙知识的普及上，提到的大多是国外发现的恐龙，而很少突出中国恐龙的介绍。须知，中国是世界上屈指可数的几个出产恐龙化石的大国之一。中国恐龙，世界闻名。中国的恐龙研究，举世瞩目。而《中国恐龙》一书则首次全面而系统地介绍了中国发现的恐龙，介绍了中国恐龙的种类和特点，介绍了中国恐龙研究的最新进展和重大成果，反映了中国恐龙专家在揭示恐龙奥秘中所作的贡献及他们献身科学的敬业精神。可以说，这本书在“让中国人了解中国恐龙，让世界各国了解中国恐龙”上，是独具匠心的。

值得一提的是，这本书还对恐龙研究中一些轰动一时、颇有争议的问题，作出了科学的回答。比如，恐龙蛋中究竟有没有纯净的恐龙的遗传物质脱氧核糖核酸（DNA）？中国辽宁发现的中华龙鸟是不是鸟类的鼻祖？这些发现在报上披露后，一度曾震惊世界。因为甄朔南教授曾对这枚恐龙蛋和中华龙鸟的标本作过鉴定，十分了解这方面的研究动态及科学界这两场大争论的始末，所以他能毫不含糊地告诉读者：“说已经找到了恐龙的DNA还为时过早”；中华龙鸟并不是鸟类，而是“恐龙中的秀颌龙”。

《中国恐龙》面世后在国内外获得了好评如潮。日本恐龙专家认为，这本书对于他们“了解中国恐龙及其研究成果，很有帮助。”中国自然科学博物馆协会副秘书长楼锡祜认为，“这是一本在恐龙领域‘打假’的书；在这本书出版后的5年中，出版其他介绍恐龙及其研究成果的书籍，都是多余的。”贾兰坡院士提出，这本书“反映了我国在恐龙研究中居于世界前列的水平”。谈家桢院士认为，这是“我国恐龙学界权威人士的力作”。一家出版社的老总称赞这本书是“关于恐龙的经典著作”。

在今天国内的图书市场上，有关恐龙的科普图书是并不少见的。然而，这些书籍大多不是研究恐龙的专家编写的，不仅内容陈旧，而且错误较多。在“恐龙热”方兴未艾的今天，人们很需要一本准确而全面普及恐龙知识的图书，而《中国恐龙》正是这样一本佳作。

《科学的历程》

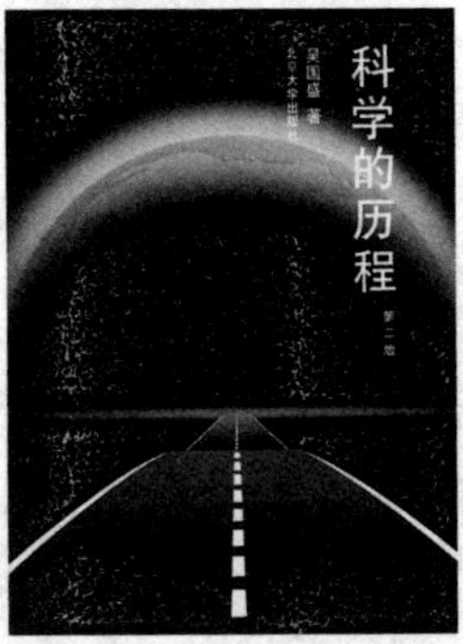

中文版封面

☞ 作者：吴国盛

☞ 推荐版本：北京大学出版社 2002 年版

作者简介

吴国盛，1964 年生，湖北人。毕业于北京大学地球物理系空间物理专业，后在北京大学攻读自然辩证法专业学士学位，并获得哲学硕士学位。1986 年进入中国社会科学院哲学研究所，1998 年获得中国社会科学院西方哲学博士学位。

吴国盛

吴国盛著述很多，除《科学历程》外，还出版《自热按本体化之误》、《希腊空间概念的发展》、《时间的观念》、《自然的隐退》、《追思自然》等作品，编有《科学思想史指南》、《自然哲学》（辑刊）、《科学思想文库》、《科学观念丛书》、《绿色经典文库》等。

成书背景

吴国盛是一位集自然科学家和哲学家素养于一身的学者。他在自然科学研究中，一直提倡，要研究科学的历史。在他所编译的《自然思想史指南》中，他力图强调我国自然哲学和科学哲学需重视对历史的研究。后耗时两年之久，写成《科学的历程》一书。《科学的历程》这本书，记载了作者对科学史的看法和观点，是一部科学通史著作。书中穿插了大量插图，这在我国此类作品中史无前例。阅读这样一本讲述科学的历史著述，读者多少会感到晦涩深奥，加入丰富的插图，使得这样一本通史作品，显得十分生动、形象，非常有益于读者领悟、学习。

《科学的历程》第一次出版就获得好评，因为该书对当时很多文化程度不高的人来说，无疑像提供了打开科学大门的钥匙，满足了他们对知识的渴望心情。同时，这本书对专业研究者也具有一定的参考价值。

内容精要

科学理论不是一成不变的，它是发展的、进化着的。几乎没有什么比科学史更能使人认识到这一点了。科学史是人类文明的一部分，文明史之前是自然的历史。讲科学史，要先从自然史谈起。自然经历了一个漫长的演变历程，科学的研究意义就在于解释自然发展的奥秘。宇宙、太阳系、地球、生命和人类都是自然的组成部分，其进化的历史被称为自然史。

人类出现之前，地球在宇宙中出现，在地球之前，宇宙已经诞生。因此演化的先后顺序必然是宇宙——地球——生命——人类。在人类文明史的萌芽时期，与物质生活息息相关的生产技术和自然知识在不断发展，与生存的精神生活密切相关的宇宙学——天文学也在不断积累。西方哲学家泰勒说：万物源自于水。这个思想成为后来科学家和哲学家秉承不变的真理，原始生命从海洋中诞生并逐渐进化为人类。水是人类文明的哺育者。早期文明也都产生与水流河畔。

原著中的插图

在遥远的西方，希腊人是自然哲学的开山鼻祖。希腊人创造出的物质文明和精神文明，对近代世界产生巨大的影响。公元前500年左右，希腊人中出现了一批才智卓越的哲学家和科学家，如早期的自然哲学就家泰勒斯、阿那克西曼德、阿那克西米尼、赫拉克利特、留基伯；人文哲学家普罗泰哥拉、高尔吉尼、苏格拉底；体系哲学家柏拉图、亚里士多德；天文学家默冬、欧多克斯、阿克斯塔克、系帕克斯；数学家欧几里得、阿波罗尼、赫龙；物理学家阿基米得；医学家希波克拉底、盖伦；地理学家希西塔斯、埃拉托色尼；生物学家赛奥弗拉斯特……

任何能够诞生如此之多天才的一个时代，都是伟大的时代。希腊人不仅在科学、哲学和艺术上都做出了伟大的成就，而且创造了一种全新的精神——现代精神。

公元500多年前的这段日子里，古典文化开始衰退，西罗马帝国的灭亡、柏拉图学园被封闭、亚历山大里亚图书馆被烧等等。直到公元570年，阿拉伯人的领袖穆罕默德诞生，后来他的后代开始宣传伊斯兰教教义，对统一阿拉伯民族起到非常重要的作用。

随着阿拉伯帝国的形成，阿拉伯人的文化事业开始兴盛起来。

十六七世纪，资本主义生产方式进一步发展，欧洲学者们创造了改变整个人类历史进程和人类生活的近代科学。恩格斯说，“这个时代，我们德国人由于当时我们所遭遇的民族不幸而称之为五百年代，但这些名称没有一个能把这个时代充分地表达出来。这是从15世纪下半叶开始的时代。……拜占庭灭亡时抢救出来的手抄本，罗马废墟中发掘出来的古代雕像，在惊讶地西方面前展示了一个新世界——希腊的古代，在它的光辉的形象面前，中世纪的幽灵消逝了；意大利出现了前所未有的艺术繁荣，这种艺术繁荣好像是古典古代的反照，以后就再也不曾达到了。……旧的世界的界限被打破了；只是在这个时候才真正发现了地球，奠定了以后的世界贸易以及从手工业过渡到工场手工业的基础，而工场手工业又是现代大工业的出发点。教会的精神独裁被摧残了，德意志诸民族大部分都直截了当地接受了新教……”

原著中的插图

在这个历史背景下，近代科学诞生了，一套有别于古代和中世纪的自然观和方法论，简历起来，标志着科学将走向一个全新发展的时代。

影响和评价

《科学的历程》这本书用通俗的语言和精美的插图，全面地介绍了世界科学技术发展的历程，生动形象，便于理解。在科教兴国的今天，对加深青少年对科学的认识、激励他们热爱科学研究事业等方面，具有非常重要的意义。吴国盛“他的著作闪耀着自强不息的光辉，是对青少年进行科学思想教育的好教材。”

在当前科普工作日益重要的时代背景下，《科学的历程》为读者提供了翔实的科学依据，以清楚认识伪科学的真实面孔。科学史的普及，在帮助公众树立正确的科学观方面，具有重要意义。《科学的历程》提供了一般科教书不能提供的科学家做出科学发现的具体过程，还能宏观地展现科学技术作为推动历史的杠杆作用。因此，不论对于科技工作者，还是普通读者，都是一本非常有益的优秀作品。

《生命的未来》

☞ 作者：[美] 爱德华·威尔逊
(Edward O. Wilson)

☞ 译者：陈家宽，李博，杨凤辉等

☞ 推荐版本：上海人民出版社 2005 年版

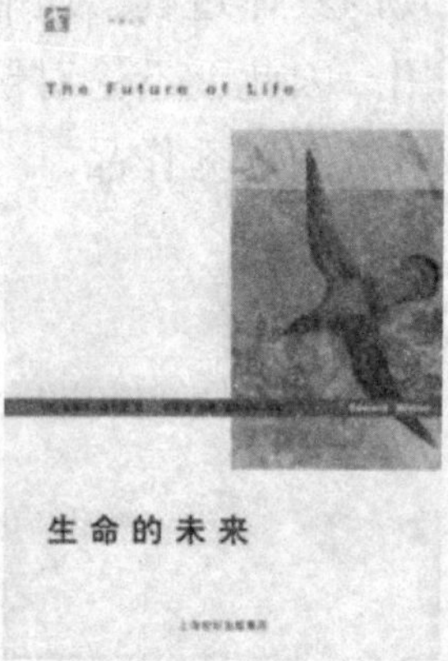

中文版封面

作者简介

爱德华·威尔逊，是享誉世界的生物学家，哈佛大学比较动物博物馆昆虫馆馆长。佩雷格丽诺讲座教授。1929 年出生与美国阿拉巴马州的伯明翰，1949 年和 1950 年分别获得了阿拉巴马大学生物学学士和硕士学位，后于 1955 年获得哈佛大学博士学位。威尔逊兴趣广泛，对进化生物学、社群昆虫生物学、蚂蚁分类、社会生物学、生物地理学、伦理

威尔逊

哲学等都有涉足，他所创立的“岛屿生物地理许学”被誉为“20世纪末获得诺贝尔奖的五大科学发现”之一。

威尔逊知识渊博，文笔优美，他的著作《论人性》（1978年）、《蚂蚁帝国》（1990年）先后荣获普利策奖。威尔逊不仅是一位知名的生物学专家，同时是位可以影响美国政策甚至政治的科学家。威尔逊博士曾是美国几任总统的长期顾问，他的身影活跃于科学界、环保界和政界。1996年，威尔逊被《时代》杂志评为25为最有影响力的美国人之一。

威尔逊在北美和欧洲共获得了27个荣誉博士学位，获得了具有国际影响的75个奖项，如美国自然科学奖章（1976）、瑞典皇家科学院克雷福德奖（1990）、日本国际生物学奖（1993）和世界自然基金会的金质奖章等。

成书背景

19世纪后期，自然保护运动日渐成熟。环境保护活动已经成为一项重要的全球事业，含纳了生物学、经济学、人类学、政治学、美学，甚至宗教信仰等多个领域的研究和关注。

在这个时代背景下，很多有关倡导生物多样性、环境保护和生态伦理的优秀读物涌现出来。威尔逊的这本《生命的未来》也是其中的经典力作。《生命的未来》出版于2002年，书中威尔逊深情并准确得讲述了很多珍稀动植物濒临灭绝的故事，阐释了生物多样性对地球生态环境的重要意义，并号召人类在追求经济发展的同时，应该把更多目光集中在维持地球完整性及其所蕴藏的生态多样性上。

在书的开篇，作者奉上了一篇深情款款的抒情诗，追忆了梭罗时代物种多样、生态良好的环境，以此与读者感同身受，启发我们正视生存潜在危机、正视环境保护的意识和决心。

在得知《生命的未来》将以中文出版时，作者表达了对中国环境保护的关注。中国拥有多姿多彩的生物种类，地理生态资源非常丰富，但同时隐藏着不容忽视的生态危机，比如大熊猫濒临灭绝、黄河流域出现断流等等。为了人类自身的长期安全、为了世界环境的美好，各国都应该积极加入环境保护的队伍，一起为维护生态健康做出努力。

内容精要

生命覆盖在地球表层，在航天飞机上鸟瞰根本辨别不出，但是它的内部十分复杂。水被认为是生命的源泉。一种微生物的单细胞即使处于休眠状态，只要等到液态水的降临，就可以重复生机。马克默多涸谷是世界上最贫瘠、最冷、最干的地方，但是科学家却在冰堆中发现了威德尔海豹的骨骼，更另科学家称奇的是，在干涸的河床中，还生活着不少光合细菌、藻类和微小无脊椎动物。一些微生物具有极强的适应力。一种嗜热生物可以在华氏235度下繁殖，一种嗜碱菌可以生存在盐浓度饱和的湖波或池塘中，一种耐辐射球菌可以忍耐1000拉德的辐射剂量……这些超级细菌的发现带给宇宙生物学家一线希望，地壳自养微生物生态系统（简称SLIMEs）的新发现也使科学家大受鼓舞。SLIMEs存在与地球表面之下的连续的火成岩空隙中，利用无机物生存。它的发现使得科学家猜想其他星球是否存在生命。物种生存繁殖的基本规律适合于地球上的各种生态系统，生物多样性分为三个层次：

生态系统的多样性；物种多样性；基因多样性……

20 世纪科学技术飞速发展，但同时带来了世界战争、种族灭绝政策和专制意识的大肆蔓延。生态系统被破坏，不可更新资源被攫取。新世纪开始后，人类才开始意识到“现在是该为地球着想的时候了”。我们已经进入了环境世纪，而现在，科学和技术、加上深谋远虑的见识和具有正义感的精神，必将带领我们穿越这个瓶颈。经济学家集中于研究生产和消费，他们认为，这是人类所想要的。但生态学家则把目光投入在了无法继续利用的农田、过度利用的地下水资源及受威胁的生态系统。他们的关注逐渐受到政府和人民的重视。环境论者的见解得到了多数人的赞同。

遭到破坏的热带雨林

如果用生态圈的状况来衡量世界财富，那么人类的财富正在不断减少。人口过多和环境恶化的问题在世界各地发生。失去了生物圈，整个人类也就不复存在。夏威夷在人类出现以前，拥有丰富而独特的生物物种，但现在很多土著都已经灭绝了，目前我们看到的生物多样性，很大程度上是人造的。除了人类的影响因素之外，对夏威夷的主要威胁者是非洲大头蚂。导致生物多样性丧失的原因是多种多样的。土拨鼠是最能体现导致物种数目下降原因的特殊性的物种。道上亚高山带生境以下的森林被大量砍伐，影响了土拨鼠的生境而死亡。还有蛙类的灭绝、热带雨林环境的破坏也都向人类敲响了警钟……

影响和评价

《生命的未来》是一本为公众而写的书。自 2002 年问世以来，得到国际学术界的广泛关注。《自然》杂志上曾刊载了美国斯坦福大学保罗·艾里奇（Paul R. Ehrlich）教授对此书的高度评价。作者威尔逊博士以写给亨利·大卫·梭罗（Henrry David Thoreau）——“神圣的自然保护运动的发起人”的一封长信为序言，以优美的文字，描绘马萨诸塞州美丽的瓦尔登湖，进而引入对全球生物多样性状况的深思。

书中通过一个个珍稀动物逐渐消失的故事，表述了作者对生态环境的担忧，他用饱含深情的笔触，告诉读者：我们人类正在面临一场巨大的生物多样性危机。作者在书中探讨了保护环境行动的方法，探讨环境保护与经济发展的相互关系，同时尖锐地指出：人口过剩是环境恶化的关键原因。

《生命的未来》英文版封面

《生命的未来》这本书通俗易懂，充满了有趣的资料和创造性思维，即使非专业读者读后也会对生物多样性产生浓厚的兴趣。

“评论家有责任说他们不喜欢一本书的什么地方，但对于《生命的未来》，我很难说得出有什么不当的地方。该书阐明了作何为威尔逊深深关心人类未来的理由，这表明他是一个深思熟虑的、人道的、热爱生命的人。”

——美国斯坦福大学教授 保罗·艾里奇

《万物简史》

☞ 作者：[美] 比尔·布莱森
(Bill Bryson)

☞ 译者：严维明，陈邕

☞ 推荐版本：接力出版社2005年版

中文版封面

作者简介

比尔·布莱森

比尔·布莱森是享誉世界的旅游文学作家。1951年出生于美国艾奥瓦州，毕业于美国德雷克大学。1977年定居英国伦敦后，开始为《泰晤士报》和《独立报》工作，发表《哈，小不列颠!》一书，后回到美国，根据他的旅行经历，写作《一脚踩进小美国》。《发酵的欧洲》则记载了他欧洲之行的精彩回忆。

布莱森，曾被《英国时报》喻为“当今世上最有趣的旅行家”。

成书背景

布莱森除爱好旅行之外，兴趣广泛，对科学也有浓厚的兴趣。他从小喜爱阅读畅销书排行榜上的科学读物，他认为，是那些“贫血”的、毫无活力的科学标准科教书式的问题扼杀了我们对自然世界的好奇心。因此，他为了把有关地理学、化学、古生物学、天文学和量子物理学的自然奥秘告诉给更多的人，在 2000 年开始写作《万物简史》。

《万物简史》于 2003 年在美国出版。作者用清晰明了、风趣幽默的笔法，讲述了从大爆炸到人类文明发展进程中发生的故事。完成这部巨著，布莱森前后共用 3 年时间，以严谨的态度，查阅了大量资料。

这本书的成功在于：一方面作者克服了深陷科学研究中严苛概念和理论的泥淖，另一方面又用轻松有趣的语言由浅入深得阐释了晦涩难懂的科学，既兼顾了科学性又具备了趣味性，通俗易懂。

内容精要

我们被什么样的力量决定以现在的形态生活在这个地球上？我们怎样经历了从不存在到存在这样一个神奇的生命产生过程？这些问题或许曾经在你的脑海里拂过，但是问题的答案，就是人类启示是无数原子的集合体。原子是人类的祖先。

20 世纪 20 年代，大爆炸理论首次被提出。在这个理论中，引起宇宙爆炸的导火索是奇点。奇点在爆炸后迅速膨胀，直到无限大，最终个产生了宇宙。在经历了无数次的大爆炸后，形成了现在这样最适合生命出现的方式。当然，宇宙并不唯一，我们生存的空间仅仅是其中一个而已。于是，我们借助天文望远镜等先进仪器洞察天外的世界。在我们肉眼能及的太阳系，我们可以看到行星、卫星、彗星等天体。用望远镜观测，天文学家看到了一闪而过的“超新星”。超新星其实是距离我们很遥远的巨大恒星坍塌时所释放出的能量产生的光芒。

原著中的插图

牛顿的三大定律证实了“地球是球体”的结论。18 世纪以牛顿定律为基础，进而推测出了地球的大小、形状、重量以及宇宙星球之间的距离，但地球的年龄一直是困扰科学家的难题。地质学的发展提供给我们线索。居里夫人发现放射性元素——镭后，卢瑟福以放射物质的衰变速度为时钟，推测出了地球的年龄。

说到 20 世纪科学的发展，我们不得不提一个伟大的科学家，爱因斯坦。爱因斯坦发明了狭义相对论和广义相对论。狭义相对论解决了光以太问题，为天文学家和地质学家研究宇宙和地球年龄提供了基本理论工具，而广义相对论提出的“四维时空”、“弯曲空间”等理论，开创了全新的时空观……

原著中的插图

影响和评价

2003年5月，《万物简史》在美国出版，旋即在欧美各国引起极大震动。不仅连续10周高居《纽约时报》、《泰晤士报》畅销书排行榜最前列，而且还进入了2003年底由亚马逊网站评出的十大年度畅销书之列，在年度科学类图书畅销书排行榜中，更是勇夺桂冠。

牛津大学教授、国际理论和应用化学联合会会长彼特·阿金斯称，《万物简史》“可以跻身于最引人入胜的图书之列”；国际知名科学家、南澳大利亚州科学委员会主席提姆·弗兰纳里认为本书是“一部具有里程碑意义的作品”；《出版商周刊》评价说“科学从未如此引人入胜，我们所居住的世界也从未如此充满了惊奇和美妙”；《纽约时报》则认为《万物简史》“似乎注定要成为一部现代科普著作的经典”。2004年初，本书又被权威的美国《科学》杂志评选为2003年度最佳科学著作之一。同年6月，本书夺得了世界最著名的科普图书大奖安万特奖。

这部雄心勃勃的著作，通过一种富有智慧和极易理解的方式，将科学和最广大的潜在读者联系在一起。

——罗伯特·温斯顿　安万特评委会主席

布莱尔绝对是旅行的好伴侣，而且也是一位用谐谑之眼观察入微的作家！每个阅读他作品的人都会不断地遇上乐趣，而且惊觉自己在他的发现之中有着高度的参与感。

——《纽约时报》

《万物简史》似乎注定要成为一部现代科普著作的经典。阅读布莱森的作品，就像是在聆听一个个妙趣横生的故事。和作者一起，穿越时空的隧道，去与达尔文、艾因斯坦、牛顿这样的巨匠一起遨游科学的海洋，探索宇宙和世界的奥秘，对于大多数读者来说，都是十分有意义的一件事。

——《纽约时报》